文化生活叢書

柑仔瀨志
（上）

賴桂貞　著

天下尺只有九洲
日月八逢千秋
青元白日露石万
長江有水水水流

圖版

一 地理篇

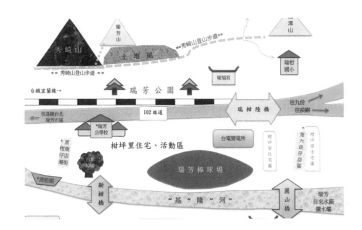

柑仔瀨簡繪地圖

資料來源：走讀柑仔瀨，參見網址：
https://sites.google.com/view/rgestaiwanese/%E6%9F%91%E4%BB%94%E7%80%A8。

秀崎山下的柑仔瀨

秀崎山居高臨下，柑仔瀨盡在眼前，柑仔瀨位於基隆河左岸，紅色拱橋為新柑橋。

基隆河畔親子戲水，其樂融融

基隆河畔留影的一家人

居民在基隆河畔享天倫之樂。資料來源：陳德傳提供。

亂石崩雲般的基隆河

河邊巨石累累，玩水是小朋友快樂童年的美好回憶，大石便成天然的座椅。
資料來源：洪秋雲提供。

民眾於基隆河大石前留影

資料來源：周蘇杉提供。

基隆河的捕魚人

在船仔頭與圓山橋下河段，常見捕魚蝦
的人。

位於苧仔潭的員山子分洪管理中心

瑞芳公園內的黃蠟石

立於瑞芳公園的入口處。

內瑞芳瑞福宮前的黃蠟石

立於內瑞芳瑞福宮的入口處。

船仔頭的壺穴群

壺穴群鬼斧神工，是極為珍貴的地質景觀。

古井仔頭的井

昔時一度成為居民聊八卦之地，今僅為洗滌用水。

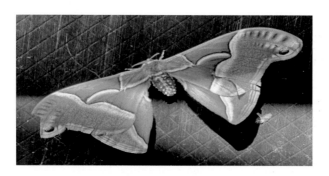

蛾中皇族～天蠶蛾

皇蛾兩邊的上翅翅端，都具有一個酷似蛇頭的外突，因此又名「蛇頭蛾」，翅膀邊緣
又像是鞋子，它穿一雙新款的鞋，十分別緻，飛入民家。資料來源：梁萬居提供。

滿樹藍鵲，藍鵲也是基隆河岸的常客

食蟹獴

食蟹獴有固定的棲息區域，並且與溪流區重疊，因此被認為是溪流環境的指標生物，
是二級珍貴的保育類動物。資料來源：梁萬居提供。

吊人窪

從路旁小徑進入，有一股陰森感覺，此地很隱密，若有人上吊自殺不易被發現，有
野溪流經流籠腳～六崁仔～下店仔～最後流入基隆河。

野牡丹

又稱狗螺仔花，野牡丹的果實可食，是孩子的零食。

桐花

苧仔潭滿山桐花，景緻優雅。

筆筒樹

挺直的筆筒樹，因樹皮如蛇，故稱蛇樹，現在看到的筆筒樹樹齡約二十年左右。

二 政治篇

柑仔瀨砲臺

砲臺的外觀結構是石頭水泥靠山壁。

隱身在樹林內的柑仔瀨砲臺

忠魂碑

位於瑞芳公園內。長著青苔的忠魂碑，可知已不知多久無人在此祭拜，忠魂是否安在？

有情有義的黃正檣

資料來源：由其子黃國秋提供。

2016年許朝明獲鳳凰獎（右者）

許朝明為義消楷模，以專業素養爭取信賴，以負責態度贏得認同。

環境五星級認證的里長──許銘仁（右者）

臺北縣參議員周碧（左上）

資料來源：《臺北縣議會志》，頁155。

第一屆縣議員陳天生（右上）

出生於明治二十四年（1891－　）。資料來源：
《臺北縣議會志》，頁171。

第一、二、三屆縣議員李梅樹（左下）

出生於明治三十五年（1902-1983）。資料來
源：《臺北縣議會志》，頁163。

三　經濟篇

船仔頭的位置

倪蔣懷畫瑞芳渡船口（船仔頭）

資料來源：白雪蘭，《礦城・麗島・倪蔣懷》，頁13。圖中階梯，是船仔頭進出的地方，
　　河面有一收帆的帆船靠岸，畫作中的電線桿，可知當年民生用電已延伸到柑仔瀨。

圓山橋全貌

柑仔瀨吊橋全貌

柑仔瀨吊橋建於臺灣光復後。資料來源：洪秋雲提供。

基隆河枯水時期

枯水時期，由圖可見涉水到對岸並不困難

基隆河豐水時期

豐水時期，由圖可見水量豐沛，無法涉水到對岸

船仔頭下方有石頭與石頭相接，形成天然石橋

位於柑仔瀨坑谷的第六號橋

光復後有重修過，橋頭碑文隱約可見柑坪二字。

蔣瑞坑畫柑仔瀨街景

右下角為古井仔頭。
資料來源：賴盛雄提供。

瑞柑陸橋

因興建瑞柑陸橋，造成人口大量外移。

懷山煤礦的儲煤場

紅色建築為昔日懷山煤礦的儲煤
場，白色建築為瑞義社。資料來
源：由廖銘儀提供。

洪瑞麟畫土堆仔尾

採礦後的廢土，在山頭堆積。資
料來源：蔣勳：《臺灣美術全集
12：洪瑞麟》（臺北市：藝術家
出版，1993年），頁94。

蔣瑞坑作品：懷山煤礦

資料來源：正因文化編輯部：
《礦之畫家的傳奇：蔣瑞坑2》，
頁56。

中和煤礦工具房

中和煤礦礦工入坑前，會到圖中紅磚屋領取採煤相關工具。礦工領取頭燈及電池後，
會戴上水壺、便當、一氧化碳自救器，乘坐礦車進入坑，準備一天的採煤作業。

瑞芳公園內的野生山藥

野生山藥市價高，採集人多，所以數量減少。

SNQ國家品質標章頒獎典禮

前副總統吳敦義先生（左）與兆鴻生技公司董事長徐登賢先生（右）。資料來源：http://www.aeneas.com.tw/index.asp。錄取時間：2021年12月17日。

樂於助人的賴盛雄董事長

四　民間文學篇

倪蔣懷寫生「瑞芳隧道」

由北向南火車出隧道口即出軌翻覆，摔落至基隆河畔，由倪蔣懷所畫的瑞芳隧道可知隧道與基隆河的距離近，今道路已拓寬。資料來源：白雪蘭：《礦城・麗島・倪蔣懷》，頁70。

洪瑞麟筆下的工頭阿坤伯

阿坤伯姓呂，力氣大，時常打赤腳，有時好幾天不洗腳。
資料來源：江衍疇：《礦工・太陽・洪瑞麟》，頁86。

徐準成的家園

為兩層樓高，前半部是磚造，後半部為石頭屋，是當年當地的豪宅，
人去茶涼，空留惆悵。

徐準成的家園現況

長長的房舍，草木已深，石頭屋已傾圮，廢墟中迴盪的是再等。

善吟唱的許勇雄（1944〔昭和十九年〕－　）

九芎樹

九芎樹的樹皮有些紅色

自序

　　清朝時的柑仔瀨，日治時期又名瑞芳街、瑞芳，昭和五年（1930）為與龍潭堵做區分，又名內瑞芳，龍潭堵為外瑞芳，民國三十五年（1946）改名柑坪里，隸屬新北市瑞芳區，《柑仔瀨志》是小地方的故事，卻是大時代的縮影。

　　近日頻頻與地方耆老對話，相談甚歡，趣味無窮，更令人驚艷，一個礦鄉竟有如此優雅又逗趣的民間文學，尤其是閩南語拆字訣，考倒一堆閩南語教師，值得細細品味。

　　當我書寫瑞芳事件時，邊寫邊垂淚，想到這群可憐的小礦工，被凌虐而死，實在太悽慘，懷山煤礦三大畫家，倪蔣懷、洪瑞麟都被日本人抓走，但無罪釋放，蔣瑞坑連夜脫逃到宜蘭山區躲藏，這是日本版的二二八事件。瑞芳有瑞義社，但不械鬥，只有拼陣頭，當村裡的人與外地人有衝突時，內瑞芳的頭人會把當事人找來，在土地公廟談判，從不動武，因此地方上流傳一句話：「內瑞芳的孩子是惹不起的」，如此理性的解決問題，怎麼可能會牽扯到造反的問題，所以瑞芳事件實在是太冤枉了！

　　柑仔瀨是個古戰場，遙想當年清帝國俞明震等大將揮軍至柑仔瀨與日軍對抗，槍林彈雨，不幸飲恨，血濺柑仔瀨，火燒柑仔瀨，赤地連綿，白骨露野，劫後餘生的百姓，好不淒涼，揚長而去的基隆河，不知淘盡多少英雄人物，這一切的一切，歷歷在眼前，不禁對柑仔瀨發思古之幽情。

更令人震驚的是，到現在還有人堅持瑞芳瑞義社的精神——情義兩字，有情有義，有幾位瑞芳瑞義社的老社員，義務幫忙別的社團出陣，情義相挺，堅持不收費，北管早已商業化，這樣的忠義精神，令人動容。

柑仔瀨這個地區的老百姓，善良又團結，現在柑仔瀨有一群新生代接手地方事務，老一輩退居幕後，喚起柑仔瀨的團結的精神，只可惜瑞芳瑞義社要重出江湖可能很難，最主要是工商社會年輕人有工作，且很多在外地，所以要重現瑞芳瑞義社的風光，難上加難，有關瑞芳瑞義社的資料，還在收集中，當年瑞芳瑞義社聲名遠播，只是相關照片蒐集難度很高，只能盡力而為。

綜觀柑仔瀨的歷史，可歸納為五大創舉：

一、瑞芳最早開發之地

二、一個礦坑出現三大畫家

三、柑仔店的來源

四、瑞芳之役就是在柑仔瀨開打（日清第一次官方雙邊激戰）。

五、光復初年，柑仔瀨曾是瑞芳地區最大的里。

柑仔瀨有如此文化特色，誰忍任其灰飛煙滅？又焉有不盡力保存之理？企盼各界先進共同守護柑仔瀨這塊文化園地，深耕、深耕再深耕。

賴桂貞書於暖暖

二〇二三年九月十五日

摘要

文化被誤植、所以有必要匡正，以免以訛傳訛；因為經濟變遷太大，文化面臨消失，所以必須挽救，柑仔瀨是新北市瑞芳區的發源地，有著豐富的文史資源，不容青史竟成灰，珍貴的文化宜加以保存。

柑仔瀨是瑞芳地名的前身，柑仔瀨地名由來眾說紛紜，卻關係著柑仔瀨的開墾歷史；柑仔瀨處重要的交通地位，逐漸受到官方關注，設遞鋪、官渡、兵營、砲臺、金砂局。柑仔瀨三面山一面環基隆河，基隆河寶藏多，造就柑仔瀨的繁榮盛景，然水能載舟亦能覆舟，一位記者之死，永安煤礦的慘劇，皆拜基隆河所賜。乙未戰爭，日本登臺後與清官方雙邊激鬥第一戰即是瑞芳之役，在柑仔瀨開打，這是柑仔瀨的驕傲；瑞芳事件，柑仔瀨的礦工無辜受累，下場悽慘；柑仔瀨的人民被日本政府強徵為軍夫至海南島，海南島悲歌，是大時代悲劇的最佳寫照。

所謂深受愛戴的政治人物，必須經過國家、人民的認證，政治人物是專門處理眾人之事的代表，取自當選四屆以上或有特殊貢獻受官方表揚者，在柑仔瀨有優秀的政治人物：英氣風發周東蓉、火鳳凰許朝明、臺北市議員王孝維、特優里長許銘仁。

柑仔瀨在地歌謠非常特殊，蘇適丁用歌謠唱出柑仔瀨的文化及柑仔瀨的歷史，柑仔瀨諺語充滿智慧，童謠、打油詩、拆字訣，十分逗趣，民間文學將地方文化特色，展現淋漓盡致。

謝誌

　　人生的境遇太奇妙，因為寫博論，意外發現瑞芳瑞義社被誤解，引發我書寫故鄉《柑仔瀨志》的動機，尋尋覓覓訪耆老，得知柑仔瀨大大小小事，有讚嘆——允文允武瑞義社，有可歌可泣——瑞芳之役，有驚豔——懷山煤礦三大畫家……柑仔瀨真是個非凡的小鎮！

　　能完成此書，最要感謝地方耆老——張幼緞、賴金針、賴盛雄、許勇雄、辜家添、林文四、劉阿川、許朝明、黃啟輝、周枝松、吳金水夫妻……熱心解說柑仔瀨的過往，也感謝梁萬居、游鳳麗、許翠萍、周翠霞、林明欽、沈新芸、廖銘儀、廖德寬、張淑華、周蘇杉、許銘仁、黃鴻珍……提供許多珍貴的資訊。地方志書寫內容包羅萬象，獨木難支，新竹高於舊竹枝，全憑老幹為扶持，多謝地方鄉親父老大大的支援，集眾人之力方能成就此著作。

　　感謝我的恩師蕭麗華教授（臺大教授、佛光人文學院院長），長期以來一直鼓勵我，成為我最大的精神後盾，更感謝恩師在百忙中撥冗審稿，道不盡心中的感激。

　　「因風道感謝，情至筆載援。」再次感謝所有幫助過我的人，一路走來，感謝有你。

　　花開花落日出日沉，柑仔瀨已完成階段性歷史任務，而今而後，歲月靜好。

賴桂貞誌於柑仔瀨小築

二○二三年七月三十一日

目次

圖目錄

表目錄

第一章
緒論

　　本章主要在闡述本研究之動機、研究目的、及研究範圍、研究限制，全章共分二節：第一節為研究動機與目的，第二節為研究範圍與研究限制。

第一節　研究動機與目的

一　研究動機

　　民國七十八年（1989）文建會委託臺大城鄉所進行「九份聚落與觀光發展計劃」研究，民國八十一年（1992）臺北市古風史蹟協會受行政院文建會委託進行《九份口述歷史與解說資料之建立》研究，民國九十五年（2006）基隆文史協進會完成《臺北縣黃金博物館水湳洞口述歷史暨影像紀錄》。上開地方歷史文物的研究深受公部門與學者專家的重視，反觀柑仔瀨（Kam-á-luā）地區與金九地區同為礦業小鎮，相距不過咫尺，何以文史豐富的柑仔瀨不受青睞？懷山煤礦已被夷為平地，變成瑞芳公園，中和煤礦殘存遺骸淹沒在荒煙漫草中，瑞芳瑞義社只剩社館，瑞芳公學校的文物也幾近消失，砲臺變成民家放置儲水桶的地方，眼見柑仔瀨文化在歲月的洪流中浮沉，這只能說明自己的文化自己救，唯有自助才能人助天助，這是我的研究動機。另撰寫《柑仔瀨志》的主要目的：為重新建構柑仔瀨的歷史文化脈絡，以此執行鄉土教育。因為發現《續修臺北縣志》、《瑞芳鎮誌》對我的

故鄉──柑仔瀨有誤解，地方耆老無法認同，又見柑仔瀨文物幾乎殆盡，令我倍感憂心，一種對家鄉的使命感，我盡力而為。

　　柑仔瀨是瑞芳地區最早開發之地，也是日本登臺雙邊官方正式開火的第一戰，砂金與烏金，吸引人潮冠蓋雲集，瑞芳瑞義社風華驚豔，柑仔瀨的人才濟濟，物換星移，隨著經濟的蕭條，柑仔瀨的遊子離鄉背井，在他鄉奮鬥有成……那些年那些事，怎麼能忘？豈容歷史竟成灰，不信春風喚不回，因此著手書寫柑仔瀨的歷史。

二　研究目的

　　綜觀本研究之動機，歸納三主要具體目的，分述如下：

（一）保存文化

　　地方志的功能是紀錄地方風物，當地方風物一旦形成風景，並在文學領域內被摹寫、被描繪，便意含著另一種風景的再發現，進而形成觀光的景點；柑仔瀨人文與自然景觀豐富，期許經由文學讓世人再度發現柑仔瀨的風采。柑仔瀨位於外瑞芳與九份之間，早期繁華景象不亞於淘金時期的金九地區及現在的瑞芳火車站精華區，只可惜這裡的文物已被遺忘，文物隨著歲月逐漸流失，趁還有地方耆老存在，趕緊找尋一些遺跡，以免柑仔瀨永遠消逝。

（二）搶救文物

　　柑仔瀨砲臺，建立時間不詳，砲臺是歷史的證物，證實這裡軍事地位重要或有過戰爭；柑仔瀨砲臺，在臺灣光復後由國民政府接收，每年軍方會派人員來巡視，但自民國七十年代後政府就不管了，如今變成如圖示這般模樣，真叫人扼腕，還好內部結構沒被破壞。

圖1-1　柑仔瀨砲臺

柑仔瀨炮臺的現況，內部結構完整，立於小山丘之上。

（三）匡正文史

柑仔瀨的文化有些被誤解，錯誤的要匡正，以免誤傳、消失、或被破壞，應力挽狂瀾，回復原狀或尋求資源回復文化記憶，例如口述歷史──訪視地方耆老。

1　瑞芳瑞義社是內瑞芳的

瑞芳瑞義社是在柑仔瀨成立的，柑仔瀨後來改地名為內瑞芳，《續修臺北縣志藝文志》言：「內瑞芳有瑞樂社，外瑞芳有瑞義社」，然內瑞芳只有一個瑞芳瑞義社，瑞芳瑞義社的社館仍存在，就在鐵道旁瑞福宮對面，顯然這樣的書寫，是誤植的。

圖1-2　瑞芳瑞義社被誤認為在外瑞芳的報導

資料來源：許俊雅、洪惟仁撰述：《續修臺北縣志‧卷九‧藝文志‧第一篇‧
戲劇》（臺北縣：臺北縣政府，2008年），頁262。

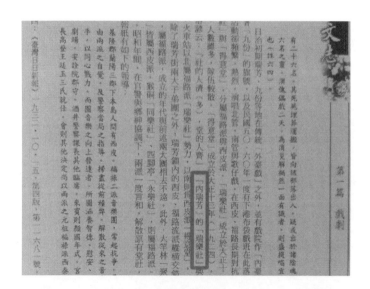

圖1-3　外瑞芳瑞樂社被誤認為在內瑞芳的報導

資料來源：許俊雅、洪惟仁撰述：《續修臺北縣志‧卷九‧藝文志‧第一篇‧
戲劇》，頁262。

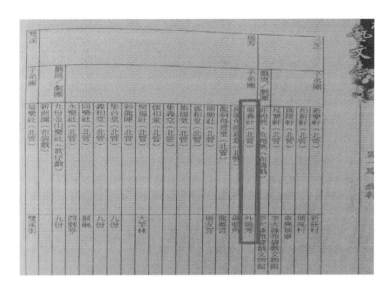

圖1-4 瑞芳瑞義社被誤認為在外瑞芳的資料

資料來源：許俊雅、洪惟仁撰述：《續修臺北縣志‧卷九‧藝文志‧第一篇‧戲劇》，頁263。

2 柑仔瀨是柑坪里，龍潭堵非柑坪里

> 大規模採金活動或事業的開始，一般都以《臺灣通史》中的說法較為可靠：「光緒11年〈1885年〉，法事已平，巡撫劉銘傳築鐵路。光緒15年〈1889年〉，興八堵車站之橋。工人入水造礎，偶見沙中有金，取出淘之，……」由於基隆河少金意外的發現，吸引大批淘金客前來採金，淘金的範圍越來越大，有的甚至溯流而上到達龍潭堵〈今瑞芳柑枰里〉故光緒18年〈1892年〉，清政府援用舊例，行設局抽稅之法，於是在基隆開設金沙局，利用交付牌票、抽收釐費的方式，允許人民開採砂金。而除了金沙局的設置之外，官方另設置分局於瑞芳、暖暖、頂雙溪、四腳亭，六堵、七堵等採金的重要地點，派遣巡邏人員進行監察的工作。

圖1-5 誤把龍潭堵當柑坪里，其實柑仔瀨與柑坪里才是一體的

資料來源：鍾溫清總主編：《瑞芳鎮誌摘要》（臺北縣：瑞芳鎮公所，2002年）。

《瑞芳鎮誌摘要》言：「龍潭堵為今之柑坪里」，非也，柑仔瀨與龍潭堵是兩個截然不同的地方，柑仔瀨才是位居柑坪里。

3　柑仔瀨的柑橘園

柑仔瀨因有柑橘得名，柑仔瀨的柑橘園地點，瑞芳區公所網頁認為是在「基隆河右岸的達樂花園建築」，亦即柑仔瀨對岸基隆河的柑橘園才是柑仔瀨的柑橘園，地方耆老都持反對意見，綜和耆老之說，回復柑仔瀨的原貌。

4　瑞柑陸橋的橋墩（一百年）

瑞柑陸橋通車時間約在民國六十八年（1979），只因一次車禍，撞毀橋墩，經修復後竟然碑文書寫成一百年，因瑞柑陸橋的修建，關係到柑仔瀨未來的經濟發展，不意變成烏龍一場。

圖1-6　被撞毀而經修復後的瑞柑陸橋橋墩

植入石墩的年代，令人質疑。

（三）重現柑仔瀨風華

　　懷山煤礦與中和煤礦今安在？各地礦坑已成觀光景點，如九份、金瓜石、猴硐，唯有柑仔瀨的礦坑被徹底忽視，洪瑞麟、蔣瑞坑皆稱礦工為勇士，瑞芳公園的建立不足表現柑仔瀨礦工的精神。砲臺、礦坑現為最紅的休閒區域，唯獨柑仔瀨被遺漏在冷冷的角落，其實柑仔瀨的故事精彩可期，例如瑞芳公園是懷山煤礦遺址，有三大畫家在此地經營煤產業，公學校作育人才，李梅樹也曾是瑞芳公學校教師，地方仕紳，多為雅人韻士，高雅而有風度，與地方居民互動親切，值得一書。基隆河寶藏有砂金、煤礦、黃蠟石、壺穴地形⋯⋯這些都是鄉土教育的好題材，柑仔瀨的軼事遺聞，應重新登上人間舞臺。

第二節　研究範圍與限制

一　研究範圍

　　本研究以歷代的行政劃分為範圍，就在瑞芳區明燈路一段，由船仔頭到苧仔潭，涵蓋流籠腳、下店仔、鐵道旁瑞芳公園一帶。歷史的主角是人，人隨時空而移動，故舉凡在柑仔瀨活動且有一段時間者，不論是在地人長久居住或外地人短暫居留，皆為本研究的對象，如倪蔣懷來自基隆，但因曾在柑仔瀨經營煤礦事業，故屬本研究範圍。柑仔瀨隨著歷史更迭，地名不斷改稱，柑仔瀨又名瑞芳街、舊瑞芳、內瑞芳、柑坪里，為凸顯柑仔瀨的歷史地位，本文不問時空仍以柑仔瀨稱之。研究時空起自清朝延續至民國一一一年為斷限，但以日治時期與中華民國到臺灣初期為主要研究場域，因為這段時空的風俗民情保守又傳統，與現今社會的改革開放有很大的差別，故宜特別紀錄留存。

二　研究限制

　　因地方耆老逐漸凋零且人口外移嚴重，文獻資料不足，許多文物已不復見，故有許多窒礙難行之處，本研究限制與困境如下說明：

（一）照片與文獻蒐集

　　窮鄉礦工生活僅能糊口，拍照片、買照片更是奢侈的事，如瑞芳瑞義社的表演照片，在收集資料方面難度甚高，因此以收集相關地志、相關專書，作為佐證資料，又單文孤證，唯恐證據力薄弱，故以口述歷史補充文獻的不足，故《柑仔瀨志》兼具歷史性與學術性的意義。有關照片的資料來源，若沒寫提供者，便是本研究自行拍攝的。

（二）慣性與文化融合過渡地帶

　　在真實姓名的調查亦屬不易，因在當代民間習慣以綽號稱呼對方，綽號或因生理外徵或個人行事風格或日本名稱而來，例如瑞芳瑞義社社長吳森養夫人名為吳雪子，鄉人稱呼她為 Yuki，富美即稱とみtomi，許宗德因臉上有一大黑痣，鄉人稱他為黑ㄟ或黑點仔，肖瑞（siau2sui7）為人有些瘋癲但卻無人知道他的真名，又日本名字的翻譯也是一大難題，因為要能知道真實姓名，才能翻譯，如林金郎鄉人稱呼他為あろ aro，若非與當事人熟悉，很難知道其真實姓名。

（三）特殊語音難標示

　　柑仔瀨的地方語言為閩南語，語音符號係採教育部公告《臺灣閩南語音標系統》，以臺羅拚音加上旁白詮釋，以便更貼近作者原意。本文所錄詩歌、歌謠的相關解釋，係依受訪者的原始敘述撰寫。文中拆字訣特殊的字元為各大辭典所無，利用電腦造字，突破困境。

（四）耆老凋謝或移居他鄉

　　由於年代久遠，有些耆老已失智或因年代久遠，無法回顧過往，或尋找不易，只能訪談第二代，因時空遙遠，第二代兒時記憶仍然有限，故在地方文史調查上困難重重；而深度訪談的目的，在挖掘與記錄受訪者的生命記憶，以逐字稿整理受訪者所知的故事，在對話過程中，發現有些記憶是殘缺的（已經忘記）、部分的、或是選擇性的，經歷二十幾場的訪談，有些題目交叉比對，建立最適切的答案。又因在不知不識的時代，深恐陷入齊東野語，因此訪談多位地方德高望重的耆老，收集殘缺，綴補漏失，以提高可信度。

（五）時空轉移

　　臺灣歷經荷蘭、清朝、日本、中華民國統治，年代年號寫法，主要以當時臺灣官方紀元為主，並以跨號標示西元年代，例如明治三十三年（1900），如此寫法比較容易辨識當年臺灣的時代背景，統治者年代以國字表示，而度量衡、西元年代以阿拉伯數字表示，簡單易懂。

　　若無法取得資料或缺乏可信資料，則委之於訪談，以尋求答案，另本研究必須把參與者的論述內容詳細分析，因異國統治將涉及到文化上層次的偏見，因此將可能含有偏見的資料列為研究限制。

　　地方志的書寫不同於一般故事的描述，地方志多一份真實與責任，是記載地方的自然地理與人文地理，舉凡歷史、人物、自然生態及產業……等資訊，換言之，就是記載地方所有事物，若要面面俱到則屬不易，惟以戒慎恐懼，如履薄冰的態度負責，方不負初衷。

第二章
地理篇

　　人類活動受自然地理與人文地理影響甚鉅，從十七世紀初期，瑞芳地區正處於蠻荒時代，林木與野生動物繁盛生長，至漢人遷入柑仔瀨後，生態環境受到衝擊，如高溫多雨的柑仔瀨，在河階平地適合種植糧食作物──稻米及蔬菜等等，金礦煤礦業開礦後，當地的植被及動物受到嚴重的生存威脅，山地被破壞，樟樹、九芎大量被砍伐，動物被迫遷徙……直至礦業結束，生態樣貌漸漸回復。

第一節　柑仔瀨的地理位置與地形、氣候

　　瑞芳街（柑仔瀨）為基隆堡南部的小市街，距基隆有二里半，是往宜蘭的要衝，車馬可通行，為嘉慶初年福建泉州府安溪縣人沈光明開拓之地，起初只有數戶住民的荒涼村，但因逐年發達而成為部落稱為柑仔瀨[1]。地理位置影響戰略交通的地位，地理位置優越，便能促使經濟發展，地形、氣候與生態又與人口分布息息相關，柑仔瀨在此環境孕運而生。

一　地理位置與地形

　　柑子瀨位於（121.81 E，25.10 N）新北市東北之基隆河集水區中、

1　胡清正、陳存良等譯：《臺北廳誌》（臺北縣：臺北縣文化局，1998年），頁398。

上游，為基隆河主流流經地區。枕山臂江，地形上處三面環山，境內群山圍繞，一面臨河，河邊有一大片河階平地，為不靠海的盆地地形，內低外高有如一鍋子，屬於中央山脈最北緣的基隆丘陵。以山河為界，沿基隆河狹長河階地，北至山，東到苧仔潭，沿市道一〇二號——瑞金公路段止於流籠腳，南至基隆河，西到船仔頭，內瑞芳（柑子瀨）與外瑞芳藉瑞龍橋連接。

圖2-1　柑仔瀨（柑子瀨）行政區地圖

資料來源：參見網址：https://www.google.com/search？q=%E6%9F%91%E5%9D%AA%E9%87%8C&oq=&aqs=chrome.2.69i59i45018.3063517j0j7&sourceid=chrome&ie=UTF-8。錄取時間：2022年12月30日。

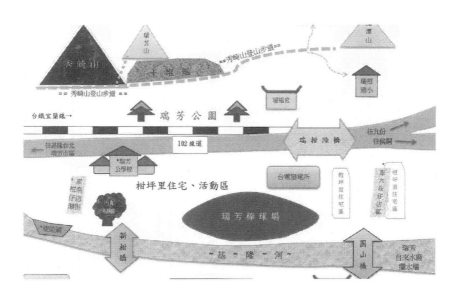

圖2-2　柑仔瀨簡繪地圖

資料來源：走讀柑仔瀨，參見網址：https://sites.google.com/view/rgestaiwane
se/%E6%9F%91%E4%BB%94%E7%80%A8。

　　瑞芳第二公墓設於柑仔瀨，原為亂葬崗，經過美化後成為流籠
腳觀光步道，苧仔潭早期種有許多苧麻，深水為潭，在基隆河深水處
岸邊種植許多苧 tē 麻，因之此地稱苧仔潭，又因苧與茶 tē 的音同，
故苧仔潭又稱苧仔潭。柑仔瀨平地少，群山圍繞，峰峰相連，有秀崎
山（195公尺）、瑞芳山（187公尺）、龍潭山（199公尺），由瑞芳公園
的步道，依循標示即可抵達各山群，立於秀崎山可窺柑仔瀨全貌，山
與河的交會，青山不管人間事，綠水何曾說是非，洽似與世無爭的柑
仔瀨。

圖2-3　秀崎山下的柑仔瀨

秀崎山居高臨下，柑仔瀨盡在眼前，柑仔瀨位於基隆河左岸，
紅色拱橋為新柑橋。

二　氣候

　　柑仔瀨位於臺灣北迴歸線以北，為副熱帶季風氣候，冬迎東北季
風，故冬天多雨，多屬地形雨，五、六月有梅雨，夏季炎熱，除西北
雨、颱風雨外，因背西南季風，比較乾燥，七月、八月降水量最少，
因此才造成基隆河夏天河床容易裸露。

表 2-1　中北部各地的雨量表

苗栗	新竹	宜蘭	淡水	基隆	臺北	地點
63	68	143	137	297	89	一月
110	131	120	168	281	140	二月
192	183	174	194	302	140	三月
178	180	125	166	211	183	四月
255	219	230	204	270	169	五月
296	251	194	248	263	227	六月
242	149	150	136	134	304	七月
256	186	205	178	165	228	八月
131	105	289	176	233	300	九月
35	36	404	126	126	225	十月
26	31	294	109	109	60	十一月
41	42	227	109	109	73	十二月
1824	1580	2558	1950	2899	2111	全年

民國四十九年臺灣中北部各地的雨量，柑仔瀨的氣候環境與基隆類似，夏季雨量較少。資料來源：臺灣省鑛業研究會編：《臺灣鑛業史》（臺北市：臺灣鑛業史編輯委員會，1966年），頁17。

第二節　柑仔瀨的水文

　　人類對大河的依賴，至今依然，不論是生活用水、灌溉、交通、旅遊……形成大河之戀，巴黎河畔有塞納河，倫敦河畔有泰晤士河，柑仔瀨河畔有基隆河，柑仔瀨對基隆河有很大的依賴，儘管有些功能減弱，例如基隆河的河運、賽龍舟已不復見，卻形成基隆河畔人民的共同記憶。

一　基隆河

　　基隆河主流從苧仔潭到船仔頭[2]約十公里，在與平溪相接的三貂嶺附近，基隆河的流向由東北轉向北，至柑仔瀨附近則又轉向東，由瑞芳鎮境東緣向西蜿蜒而去，使得整個流路成 L 形。瑞芳鎮內的基隆河主流河谷的寬狹可以柑子瀨為界，柑子瀨以下之下游河段有較為寬廣的河岸階地，上游則較為狹窄。其支流數目不多且發展規模不大，長度多在三至五公里之間，與基隆河主流以近乎垂直的角度銜接。[3]

　　柑仔瀨的野溪不多，有一野溪由流籠腳經過六崁仔，再到棒球場外圍邊緣，再至下店仔，最後流入基隆河。洗衣機未發明前，洗衣多使用搗衣杵，搗衣杵為木質，多長方形狀或圓柱狀，長約三十厘米，在適當的石頭上搗衣，以杵打衣服時的力量，用水把污垢洗出來，因此洗衣服被稱為「搗衣」，晉代曹毗的《夜聽搗衣》就有記錄。柑仔瀨野溪至少有三個洗衣處，一在六崁仔，一在棒球場階梯旁，今已在

2　船仔頭，搭船的地方，對柑仔瀨而言，船在此地開始行駛。

3　姚瑩：《東槎紀略》（臺北市：臺灣銀行經濟研究室編印，1958年），臺灣文獻刊第七種，頁91-92。鍾溫清主編：《瑞芳鎮誌・地理篇》（臺北縣：臺北縣瑞芳鎮公所，2002年），頁53。

此河段上覆蓋鋪路，另一在下店仔，柑仔瀨婦女與女孩在此洗衣，清澈的河水映照她們辛勞的身影，比西施浣紗更加迷人，但在時代變遷下搗衣聲已成絕響。

圖2-4　六崁仔洗衣處

圖2-5　下店仔洗衣處

圖2-6　經整治後的六崁仔野溪

經過整治後的野溪由六崁仔流入基隆河，為基隆河支流。

另有一野溪，由瑞柑國小山區而來，經一○二市道旁深溝，最後匯入基隆河。

圖2-7　瑞柑國小旁的野溪，溪流兩側雜草叢生

水能載舟亦能覆舟，基隆河是親子戲水的天堂，歡樂無窮，同時也是翻臉無情的大地殺手。

（一）歡樂基隆河

　　夏日炎炎，戲水消暑，是孩童最期待的事，但是禁止小孩在無成人陪同下到河邊玩耍，因小孩不懂水性，容易有意外發生。

圖2-8　基隆河畔親子戲水，其樂融融

圖2-9　基隆河畔留影的一家人

居民在基隆河畔享天倫之樂。資料來源：陳德傳提供。

圖2-10　亂石崩雲般的基隆河

河邊巨石累累，玩水是小朋友快樂童年的美好回憶，大石便成天然的座椅。
資料來源：洪秋雲提供。

　　基隆河不僅是孩童的天然遊樂場，更是佳餚美饌的泉源，在盛夏的夜晚，出坑後礦工會相約向充電室借礦工帽頭燈到河邊抓蝦，捕蟹，為聊天喝酒放鬆的聚會裡，增添新鮮菜色。[4]但也可惜，每當礦場排放汙水，基隆河便變成黑龍江。

圖2-11　民眾於基隆河的大石前留影

資料來源：周蘇杉提供。

4　周朝南、李依倪著：《礦工歲月一甲子》（新北市：新北市文化局，2020年），頁67。

　　柑仔瀨段的基隆河是屬中、上游，有許多巨石立於河岸，成為人們休憩的好地方。近年基隆河巨石被採，巨石已不多見。

圖2-12　成為地標的基隆河巨石

這兩塊巨石由基隆河打撈起來，石上雕刻社區名稱。

　　基隆河魚蝦多，不論是垂釣或網魚，經濟實惠樂趣多。

圖2-13　基隆河的捕魚人

在船仔頭與圓山橋下河段，常見捕魚蝦的人。

（二）惡水基隆河

　　每個地區在開發的過程，難免會遇到遺憾，基隆河在夏秋颱風來襲，常氾濫成災，為避免基隆河危害人民的財產與生命，而有員山子分洪道的產生；基隆河畔的煤產，基隆河的地下水，乃人們藉煤與水生活、生存，相對的卻有無數生命因此喪失，不論是天災或人禍，基隆河依然江流日下，永不回頭。

1　記者之死

　　每到颱風季節基隆河即有漫溢四處之虞，民國七十六年（1987）十月琳恩颱風帶來豪雨，民國八十九年（2000）十一月一日象神颱風挾帶著豐沛的雨量襲擊臺灣北部。鑒於洪水禍害連連，因此以分洪工程降低大水危患，民國九十年（2001）正式核定員山子分洪工程計畫，員山子分洪工程位於臺北縣瑞芳鎮苧仔潭（瑞柑新村），分洪工程是員山子以上之基隆河上游的水，在洪水到達水位超過海拔63公尺時，洪水自然流越過分洪堰排入分洪隧道（分洪隧道直徑12公尺，長度2484公尺），直接將基隆河上游集水區洪水排入東海，在一般水量時依舊維持原來基隆河流水生態路徑。民國九十三年（2004）納坦颱風來襲，完工前提前啟動第二次分洪，納坦颱風侵臺期間，臺灣電視公司駐基隆記者平宗正採訪行政院長游錫堃有關基隆河員山子分洪過程，突然溪水暴漲，與三位同業一起落水，平宗正為保護攝影機，大型攝影機過重，平宗正在大水沖擊下，身體無法保持平衡而落水，救難人員許朝明划橡皮廷救起三位同業，卻無法挽回平宗正，這是最為遺憾的事，平宗正因敬業而殉職。員山子分洪工程於民國九十四年

（2005）十月完工，[5]員山子分洪工程解決基隆河畔淹水問題，可說是政府的一項德政，嘉惠於民。

圖2-14　位於苧仔潭的員山子分洪管理中心

2　地層下的冤魂

永安煤坑的煤礦與煤礦間仍留存界限煤層，民國六十七年（1978）九月，當時柑坪里里長吳森養幾經幹旋，終於取得這個礦坑的承包權。古蒙仁〈地層下的冤魂——永安煤礦災變記〉一文[6]，控訴吳森養為利益罔顧人命。災變的主因來自於隨時可能發生礦坑出水的危機，迫於生計的礦工以生死存亡為代價，換取高工資的賣命錢，枉送三十四條人命。[7]生命無價，儘管吳森養自責想以死謝罪，但也無法挽回三十四條人命。

5　周章淋編撰：《黑金的故鄉：猴硐》（臺北縣：臺北縣文化局，2009年），頁221。

6　陳義芝主編：《散文二十家》（臺北市：九歌出版社，1998年），頁145-154。

7　許俊雅、洪惟仁撰述：《續修臺北縣志・卷九・藝文志・第三篇・文學》，頁124。民國六十九年（1980）基隆河的水灌入坑道，以致坑道積水，三十四名礦工來不急逃生。

（三）基隆河的寶藏

　　柑仔瀨為一盆地地形，多山，基隆河穿越，與瑞峰里以基隆河為界，因多雨與地形交會，而有特殊的自然景觀：壺穴、黃蠟石，基隆河畔有煤礦、基隆河有砂金，形成基隆河的寶藏。

1　黃蠟石

　　基隆河原有甚多的黃蠟石，卻多被人撿拾，而在柑仔瀨的二塊黃蠟石是基隆河最後的黃蠟石，民國九十二年（2003）里長許朝明認為此二黃蠟石十分寶貴，於是向瑞芳鎮公所申請將河中黃蠟石移至瑞芳公園、瑞福宮安置，以避免他人盜採，也形成瑞芳公園的一大特色。

圖2-15　瑞芳公園內的黃蠟石
立於瑞芳公園的入口處。

圖2-16　內瑞芳瑞福宮前的黃蠟石

立於內瑞芳瑞福宮的入口處。

2　壺穴

　　壺穴的成因乃長時間受河水、雨水侵蝕之故，河水攜帶砂石在岩質的河床或巨礫表面，經長時間之上沖下洗左戳右揉而形成的孔洞，因此壺穴多見於高溫多雨區。又因壺穴得來不易，故有國寶明珠之稱。

圖2-17　船仔頭的壺穴群

壺穴群鬼斧神工，是極為珍貴的地質景觀。

基隆河段的壺穴以柑仔瀨以上最多，另一部分在基隆市的暖江橋下，因為貌狀臉盆，故稱「石臉盆」，柑仔瀨的船仔頭有壺穴群。壺穴深具稀少性、學術研究、鄉土教育及觀光發展之價值，應彌加珍惜。

3 礦產

基隆河曾有砂金，基隆河畔有黑金，砂金與黑金使柑仔瀨在經歷瑞芳之役的烽火後，再度活耀起來，從船仔頭一直到六崁仔一路幾乎都是店家，日治時期六崁仔有菸草局、糧食局、庄場役（今之區公所）、酒保（船運至柑仔瀨後，將貨物先置於倉庫）、農會、郵電局、樟腦局……可謂熱鬧滾滾，隨著礦產採盡，柑仔瀨的光環也逐漸散去。

二　水井

基隆河附近的地層，有一些沖積層，乃厚薄不一的砂、頁岩互層的地質結構，而砂岩顆粒大，孔隙小，可以傳輸與儲存水分，頁岩顆粒小，孔隙大，與砂岩功能相反，加上基隆河中游地區雨量豐沛，故使很多地區有豐富的地下水，這些地下水，即是水井主要的水源。[8] 柑仔瀨得天獨厚擁有此資源，因此鑿井取水是昔時柑仔瀨主要用水的生活模式。

天生萬物以養人，野生的食材是上天賜予的最好禮物，人生如客旅，走在曠野之中，口渴頭昏時，需要清涼的井水提神，井中水不足，會喊湧上水來，喝飽了，會在井邊唱歌，[9]想當年先民鑿井，水湧上來，也必開懷高歌。

地下水是國家重要的水資源，所以更要珍惜水資源。井與生活密

8　鍾溫清主編：《瑞芳鎮誌・地理篇》，頁60。
9　聖經民數記二十一章第十七節。

不可分，例如有關井的傳說，水井最古老的記載是「黃帝穿井」，此傳說已不可考，但西周（西元前1111年）的井田制度，是中國最早使用地下水灌溉的紀錄，當時將一里土地精緻劃分為九等份，中間一塊是公田，內設公井，一口供水給四週八口私田使用。又如井的成語：井井有條、井然有序，代表做事很有規律。井不僅成為取水的地方，也是工程規劃的地標，更是與人民的聚落都市的形成有關，所以離家外出的就稱為「離鄉背井」，想到故鄉，就會聯想到家中的水井，這是何等的遊子情懷，竟與井有關。

　　井水是地下水流動，河水在地面上流動，解釋不同卻相關且互相補助，河同水密，所以今日才有地下水與地面水聯合運用，形容彼此關係密切。柑仔瀨的「古井仔頭」，因為在柑仔瀨明燈路一段街頭（街仔頭），有一大口井，所以才叫做古井仔頭，又稱八卦井，因為在未有自來水之前，人們在這裡排隊等候打水，順便聊八卦，所以又稱為八卦井，另有一說：

> 因為從井出去兩條路，一個通猴硐，一個通金瓜石、九份，猶如一個女人雙腿張開，然後古井就變成了女人的私處，所以叫八卦井，講這個就有些不文雅了。[10]

打發時間，聊八卦說是非，怡然自得，會心一笑，不論風雅，無傷大雅。

　　井是探討古代臺灣城鎮、疆界、人口變遷的一個坐標，政府單位應該對這些老井提供保護，不僅只是古蹟和鄉土研究，而是萬一臺灣在嚴重缺水的時候，可以使用這些老井之水，並且也研究這些老井為

---

10 韋家添訪談稿。

何能夠使用這麼久，[11]許彩秀（1937-　）說：

> 在未有自來水時，柑仔瀨當時有一大部分的民眾自行鑿井或水
> 道，也有居民多人合資共同鑿井及水道；有些用竹管接山泉水
> 飲用，而其他人則必須至溪澗挑水，我家的二口水井，都埋在
> 瑞柑陸橋下，在瑞柑陸橋旁仍有一口井（古井仔頭）。

游鳳麗（1960-　）說：

> 我們家的房子是跟廖祥祈他們買的，那時就有水井了，所以這
> 口井應該有八十年以上的歷史了，大概是民國七十年左右，衛
> 生所人員測量水質，水井的水質區分為可飲用水、洗滌用水，
> 我家那口井是磚造的，已沒飲用了，我們家的井水是可飲用
> 的，林明欽家對面的井（古井仔頭）就是屬洗滌用的。

圖2-18　游鳳麗家的井

一般而言，一口水井平均有三十年壽命，有的甚至可以使用到六十年以上，
甚至更久。資料來源：游鳳麗提供。

---

11 張文亮著：《水井診斷・維護・管理與永續經營：如何成為一個水井醫生》（臺北市：
　地景，1999年），頁7。

圖2-19　下店仔的井

此井位於昔時瑞芳公學校附近。

圖2-20　古井仔頭的井

昔時一度成為居民聊八卦之地，今僅為洗滌用水。

圖2-21　鐵道旁的井
柑仔瀨的井水，目前已無飲用，多為清潔用水。

　　柑仔瀨聚落有數十口古井，維繫著當時先民的生活命脈。古井取水最早是人力提水，現在用馬達取水。井的文化意義逐漸在改變，也被時代淡忘，現代的人已經很少人知道水井曾經一度是影響人類祖先生活福祉、遷移路徑、立約談判的一種重要功能。[12]在未有自來水前，柑仔瀨人民的飲用水大多是井水，古井仔頭那口井是公用的，也有私人自行鑿井，井水清涼，有自來水之後，水井功能變為洗滌衣物之用，有洗衣機之後，水井喪失功能，偶而為洗手、洗車之用，文化的演變，致使井的容顏已幾乎無人辨識，而井將化成唐詩絕句[13]，等待被人詮釋，形成井的傳奇。柑仔瀨住在山邊的住家便飲用山泉水，例如在瑞柑國小一帶的居民。

---

12 張文亮著：《水井診斷‧維護‧管理與永續經營：如何成為一個水井醫生》，頁15。

13 例如景陽井（唐代李商隱），「景陽宮井剩堪悲，不盡龍鸞誓死期。腸斷吳王宮外水，濁泥猶得葬西施。」

圖2-22　坑內的蓄水池

在瑞柑國小附近，將山泉水引進坑內蓄水池備用。

　　瑞芳自來水系統創於昭和七年（1932），原來是取用柑仔瀨苧仔潭地下水為水源，後因水源枯竭，昭和十四年（1939）才另覓蛇子形溪築造貯水庫、取水塔，原水送至淨水廠經慢濾、消毒後藉重力自然流下供應用水。由於人口急遽增加，原有的設備再度不敷使用。[14]於是自來水公司辦理水源改善工程，由瑞芳系統於柑坪處設函壓站，函壓送水補充本系統，與原有水源在坑口處會合，工程在民國七十一年（1982）底完工。民國七十三年（1984）十月，國英坑坑道嚴重落磐，坑內導水管受損無法導水，改由瑞芳系統柑坪函壓站全力送水至國英坑，運用原有設備調節供應九份、金瓜石地區及瑞濱地區。[15]

　　自來水的水源地在柑仔瀨，柑仔瀨地傑水靈，再度應證柑仔瀨的好山好水好風景。

---

14 鍾溫清總編：《瑞芳鎮誌‧經濟篇》，（臺北縣：臺北縣瑞芳鎮公所，2002年），頁67。
15 同前註，頁69。

第三節　柑仔瀨的生態與聚落

　　柑仔瀨多山林，山林是動物很適合的棲息地，較少人類的騷擾，地勢起伏大，冬夏氣候分明，夏季炎熱冬季微寒，雨水豐沛。人是大自然的一部分，於是人、動物、植物就在這一片土地上共榮共存。

一　生態

　　柑仔瀨是屬副熱帶季風氣候，高溫多雨，只是冬天寒流來襲時稍冷，氣溫大致在0°C-10°C之間，甚少下雪，生態豐富，氣候地形影響動植物的分布，柑仔瀨動植物種類繁多，僅舉常見與較少見的動植物為例。

（一）大自然的嬌客

　　一、動物方面：藍鵲、白鷺鷥、老鷹是常客，民國一一一年（2022）瑞芳公園籃球場曾出現過山羌，另有果子狸、蛙類……不勝枚舉，昔日的稻田裡因無農藥，烏龜、蛇、鱔魚、田螺、泥鰍、數量非常多，野溪與基隆河的溪哥、苦花、吳郭魚、竹竿頭、蝦、野生螃蟹、苦螺（可做燒酒螺）……。昆蟲為數也不少，春天來時蝴蝶翩翩起舞，仲夏之夜只要有草叢的地方，一閃一閃的螢火蟲處處皆是，可惜因大環境的改變，動物、昆蟲皆明顯減少。

圖2-22　壁虎

不論是山間或民家，時時可見壁虎蹤影。

圖2-24　蛾中皇族～天蠶蛾

皇蛾兩邊的上翅翅端，都具有一個酷似蛇頭的外突，因此又名「蛇頭蛾」，翅膀邊緣又像是鞋子，它穿一雙新款的鞋，十分別緻，飛入民家。資料來源：梁萬居提供。

圖2-25　雨中覓食的白鷺鷥

成群白鷺鷥在棒球場的草地覓食，突然下雨，飛向基隆河對岸。

圖2-26　滿樹藍鵲，藍鵲也是基隆河岸的常客

圖2-27　食蟹獴

食蟹獴有固定的棲息區域，並且與溪流區重疊，因此被認為是溪流環境的指
　　標生物，是二級珍貴的保育類動物。資料來源：梁萬居提供。

　　二、植物方面：林木茂盛，九芎、相思樹，可做煤車軌道枕木，
野薑花（英國花）在基隆河畔，滿山遍野，潔白清香，樟樹、姑婆
芋、月桃……，植物種類很多，好花常開，綠水長流。

圖2-28　相思樹

相思樹多為礦坑支架與家庭薪材之用。

柑仔瀨林木茂盛，有一處地方名為吊人漥，在一○二市道路旁，因時常有人在此地上吊輕生，又因地勢低窪，故名為吊人漥。

圖2-29　吊人漥

從路旁小徑進入，有一股陰森感覺，此地很隱密，若有人上吊尋短不易被發現，有野溪流經流籠腳～六崁仔～下店仔～最後流入基隆河。

圖2-30　姑婆芋

姑婆芋葉子可包裝魚、肉，如果葉子夠大的話，可當雨衣當傘。

圖2-31 月桃葉

表面光滑的月桃葉可包粽子，莖可當繩子，將姑婆芋包好的魚肉綑綁起來給顧客帶走。

圖2-32 野牡丹

又稱狗螺仔花，野牡丹的果實可食，是孩子的零食。

圖2-33　桐花

苧仔潭滿山桐花，景緻優雅。

（二）生態浩劫

在日治時期有位來自外瑞芳的獵人名為呂金木，常到柑仔瀨山區打獵，所幸光復後就無獵人到柑仔瀨山區活動。人與大自然和平共存，果子狸時常闖入民家，居民逮到後，也會帶到山區放生，大蛇當路霸橫占大馬路，人們只用竹枝輕輕趕它走，山羌、穿山甲、松鼠也時常在山區悠閒四竄，不論是當地人或外來人到瑞芳公園旅遊，人車都不會傷害它們，但好景不常，有些動植物卻遭殃：

1　筆筒樹的病劫

筆筒樹為多年生樹狀蕨類植物，莖直立，高可達5公尺以上，徑可達30公分以上，可為栽種蘭花的花盆、花土，甚至可為房屋柱樑，但因樹中空，時常會有老鼠躲藏，又因外型樹幹如蛇，又名蛇樹。由與

許勇雄的訪談可知：

> 約二十多年前柑仔瀨的筆筒樹罹病，大量枯萎倒地、死亡，一直蔓延到宜蘭坪林一大片的筆筒樹死亡，現在看到的筆筒樹樹齡也只一、二十年而已。

存活千萬年的筆筒樹，是屬於臺灣的寶貴資產，曾因病大量死亡，經過學者專家的搶救，筆筒樹總算存活下來，這是人類對大自然釋出善意的第一步。

圖2-34　筆筒樹

挺直的筆筒樹，因樹皮如蛇，故稱蛇樹，現在看到的筆筒樹樹齡約二十年左右。

2　外來種的眼鏡蛇

眼鏡蛇又稱飯匙倩（pn̄g-sî-tshìng），在臺灣分布於中低海拔地

區，棲息於山區、農墾地，屬有劇毒的蛇類。

　　在三、四十年前水湳洞曾走私一批蛇，其中就有眼鏡蛇，走私者怕被攔查，就將蛇往山裡面放生，蛇四處流竄，所以現在柑仔瀨山區有外國品種的眼鏡蛇，本地的眼鏡蛇長度比較短，顏色比較淺，進口的比較白比較長。

　　人類活動破壞生態，外來種多由於人類的放生或棄養，六崁仔野溪也曾發現紅色螯蝦，山區外來的眼鏡蛇，使本地的生態大受波及，外來種動物肆虐，威脅本土動物的生存，可謂是破壞生態的大殺手；植物是地球生命的基礎，能提供氧氣和糧食，是生態系的支柱，柑仔瀨曾經森林資源銳減，筆筒樹又逢厄運，森林資源攸關生態以及氣候調節，筆筒樹銳減雖非人類所致，但人類有責任與義務保護它們，因為它們與我們休戚與共。

二　聚落

　　村落，人們聚居的地方，柑仔瀨地區的聚落在日治初期，墾民多來自福建漳州、泉州人士，瑞芳街（柑仔瀨）仍是人口不多的農業聚落，明治三十八年（1905）時僅有456人，遠遠不如其他的產金區與農業部落，河谷階地的農業經營，在氣候、地形、人力投入皆不足的限制之下，也僅能維持少部分固定的農業人口，大正四年（1915）柑仔瀨庄（含苧仔潭）710人[16]。日本領臺後，隨著此地金山的開掘以至附近的村落居住者遽然增加，明治三十四年十一月設置支廳，在基

---

16 黃清連：《黑金與黃金：基隆河上中游地區礦業的發展與聚落的變遷》（臺北縣：臺
　　北縣立文化中心，1995年），頁184。但鍾溫清主編：《瑞芳鎮誌‧建置開拓篇》（臺
　　北縣瑞芳鎮：臺北縣瑞芳鎮公所，2002年），頁19，記載大正四年（1915）時，僅
　　有499人。

隆、三爪仔間，因輕便的鐵路開通，與基隆的交通相當方便，商況日
益殷盛，大正七年（1918）底有日本人39戶120人，臺灣人161戶720
人，中國人10人[17]，屬於集村型態的聚落。

　　瑞芳之役，三、四十間民房被日軍燒毀，但是在黃金與煤礦的吸
引之下，柑仔瀨很快又再次發展起來。[18]礦場附近的聚落，除裝卸煤
礦的蓄煤棚比較高大寬敞外，其他如礦場辦公室、煤礦工人的工寮或
寮仔，多半是低矮簡陋、零亂污濁。房舍建築以木造屋最為普遍，大
部份工寮都是單身礦工集體居住的通倉式建築，每人只有一席之地。
有眷屬的礦工所居住的房舍，也一樣簡陋，全家擠在四坪大小的小屋
內，生活困苦的情形比農家更甚。[19]

圖2-35　在駁坎上的寮仔

可見寮仔的屋況簡陋。

17　胡清正，陳存良等譯：《臺北廳誌》，頁398。

18　口述訪談資料，林永發先生。鍾溫清主編：《瑞芳鎮誌・建置開拓篇》，頁26。

19　鍾溫清主編：《瑞芳鎮誌・地理篇》，頁82。

圖2-36　黑色的點仔膠（瀝青）

點仔膠（瀝青）具有防水作用。

　　柑仔瀨氣候多雨，所以屋頂會鋪設油毛氈，再滾刷黑色點仔膠，以達到防水之功能，中和煤礦與懷山煤礦的礦工大多住在鐵道旁駁坎上的寮阿（工寮），曾經人口密集，如今人去樓空。

　　柑仔瀨的平地多分布在基隆河岸，有瑞芳役場（設於基隆堡柑仔瀨庄土名柑仔瀨）[20]、六崁仔店、公路局宿舍、電力發電廠、瑞芳公學校、瑞芳店……基隆河的河岸的大片平地可說是柑仔瀨聚落的起源。

圖2-37　六崁仔的變電所

---

20 胡清正、陳存良等譯：《臺北廳誌》，頁52。

圖2-38 設於六崁仔的柑仔瀨臺電瑞芳訓練場

周潘梅子（1937- ）說：

> 光復前後的苧仔潭，約民國三十九年情況，苧仔潭大約有十幾
> 戶人家，大部分是礦工跟農家，農作物主要有地瓜、竹筍、稻，
> 有兩戶客家人，他們從事苦力的工作，他們受雇挑擔到九份。

苧仔潭位於侯牡公路旁，有小聚落，潭者，深水也，適行船，故清朝
時在苧仔潭設有官渡，後再設自來水水源地，員山子分洪道於斯開
鑿，據耆老言，清兵曾在此地埋伏襲擊日軍，苧仔潭是一個小小地
方，小河彎彎，山崗青青，曾有一段不平凡的時光。

　　礦業城鎮因礦業而興，因礦盡而沒，但不論猴硐或金九經過社區
改造轉型為觀光業，非常成功，耆老的記憶中懷山煤礦很大很漂亮卻
被廢棄，中和煤礦任其荒廢，甚為可惜，自從一九七〇、八〇年代煤

礦與金礦業陸續封坑後，瑞芳地區的礦業聚落也失去原先的光彩，甚至有人口大量外流的情況，但也因為這樣，柑仔瀨的保育環境加分，公園綠地較廣，對生態復育是利多。

第三章
政治篇

　　光緒二十一年（1895）清政府無法收回成命，臺灣人民保臺籌劃亦不得奏效，因而誓死守臺，堅決反對割讓。士紳們成立臺灣民主國，其「獨立宣言」中有云：「願人人戰死而失臺，絕不願拱手而讓臺」，並與日軍展開數月之殊死戰，史稱「乙未戰爭」。[1]乙未戰爭時，清方不論是兵力財力物力皆不如日本，可謂是小蝦米對抗大鯨魚，不願異國統治，命運未卜，孤臣只能奮戰到底。

圖3-1　北白川宮能久親王
乙未戰爭時日本軍方主事者。
資料來源：張健豐：《東武天皇戰死：探訪能久親王遺跡》，頁22。

1　楊蓮福總編輯，關正宗編譯：《甲午戰爭・臺灣篇》（臺北市：博揚文化，2014年），頁作者序3。本章節主要是參閱《日清戰爭實記》日文翻譯中文書寫。《日清戰爭實記》一共發行五十集，時間由明治二十七年十一月至明治二十九年一月止，極具第一手史料價值。

北白川宮能久親王（きたしらかわのみやよしひさしんのう）

出生：弘化四年（1847）

出生地：日本京都

辭世時間：明治二十八年（1895）

學經歷：北白川宮能久親王（以下簡稱能久親王）為幕府末期
明治時代之皇族。一歲時過繼給仁孝天皇為養子，被封為親王。
明治元年（1868）二十歲，被彰義隊（しょうぎたい）擁立為
「東武天皇」。登基四個月後，兵敗退位，明治三年（1870）
恢復「能久親王」之名，在德國前身——普魯士留學，專研兵
學。明治十年（1877）三十一歲時歸國，隔年被天皇重用。[2]

　　能久親王身受漢學薰陶，會做漢詩，又喜歡收集中國古董。其座
右銘《世說新語》：「以義理為豐年，以忠恕為珍寶」，陸游勵志詩
句：「功名多向窮中立，禍患常從巧處生」。能久親王對屬下多包容，
危機意識強烈，故其治軍嚴謹，能和士卒共患難。[3]能和士卒共患難
是十分可取之處，又有留學德國的背景，這也是日本政府重用能久親
王的因素。

　　樺山資紀於光緒二十一年（1895）五月二十九日，預定以臺北府
為駐劄之地，先掠取基隆，再佔領臺北；因清法戰爭時法軍入侵基隆
失利，有前車之鑒，因此攻打基隆捨由海路進攻，改由陸路攻取基
隆，因此必須經淡蘭古道，澳底為一岩岸，水深，利於船隻停泊，於
是能久親王決定先行登陸澳底[4]，乙未戰爭從此揭開序幕。

2　鍾志正、張健豐：《乙未戰爭研究：你不知道的臺灣保衛戰》（臺北市：海峽學術出
　　版社，2009年），頁95。

3　張健豐：《東武天皇戰死：探訪能久親王遺跡》，（臺北市：時英出版社，2016年），
　　頁作者序5。

4　同前註，頁9。

第一節　瑞芳之役

日軍在瑞芳戰役前，面臨火力不足的劣勢，因機關槍及砲隊被困在險路之地，故僅能以步兵參與作戰。日軍進攻臺灣的主力，由近衛師團長陸軍中將能久親王指揮，「若遇頑民抗拒，即迅速掃蕩，嚴懲不貸」。[5]日本政府想以速戰速決方式征服臺民。

一　戰前氛圍

山雨欲來風滿樓，滿清割讓臺灣，臺灣人心惶惶，擔心日軍來襲而憂心忡忡。

光緒二十一年（1895）三月，唐景崧貼出告示以廣招兵勇，為挑起同敵氣愾的仇日心理並提倡首功制，懸賞日本人的頭顱，可見臺灣不願臣服日本。[6]

光緒二十一年（1895）五月二十二日，能久親王率日本近衛師團自旅順分乘十二艘運輸艦，前往臺灣執行接收任務。

光緒二十一年（1895）五月二十四日，樺山資紀率臺灣總督府文武官僚搭乘橫濱丸，自廣島宇品港（ひろしまこう）啟程，前往臺灣。

光緒二十一年（1895）五月二十五日，馬關條約簽約後，大清帝國臺灣巡撫唐景崧發表臺灣宣言，宣布臺灣民主國成立，揭示臺灣民主國國旗黃虎旗。唐景崧並出任臺灣民主國首任總統，丘逢甲為副總統兼義勇軍統領，劉永福大將軍鎮守臺南[7]，這象徵著守護臺灣的決心。

5　柳井錄太郎編，關正宗編譯：《日清戰爭實記》第30編（東京：東京博文館，2001年），頁41。

6　許祐愷、羅珮芳編輯：《1895乙未戰爭‧撥雲見日》（臺南市：國立臺南第二高級中學校友會，2015年），頁54。

7　許祐愷、羅珮芳編輯：《1895乙未戰爭‧撥雲見日》，頁78。

二 戰役經過

（一）光緒二十一年（1895）五月二十九日

　　日軍一面佯攻金包里（金山），一面令其主力登陸澳底鹽寮。當地雖派曾喜照率兩營官兵駐守，但見日軍由海上掩面而至，本應奮勇迎敵，不料卻不加抵抗即後撤至三貂嶺。曾軍兩營皆係新募，成軍甫三日，遇敵不敢戰。[8]因全軍由上至下皆無戰意，尚未接觸，火砲也不發一彈便自行潰敗，四散攜械逃亡。日軍輕易即佔領易守難攻的三貂嶺。此地叢山峻嶺崎嶇不平，道路是如此險惡，日軍行進列隊長達數里，清軍竟然不守，實為可惜。由於日軍於五月二十九日從澳底登陸，未遭到抵抗，即順利進軍頂雙溪（雙溪舊地名）。

　　日軍在澳底登陸後的情形，據日本從軍記者的描述：

> 軍隊在船中苦於暈船，登陸時又遇全身被浸濕之苦，此日陰雨模糊細雨濛濛……忍受蒸暑之苦。剛要入夢鄉時，討厭的蚊子又使人醒來，沒有解渴的茶水，也沒有解餓的晚餐。一八九五年日軍登陸澳底後，因和內地（日本本土）交通不便，糧食、衣服不充分，能久親王多和一般兵士穿著冬季制服，可以作為休息住宿的場所缺少，困苦一通。[9]

日軍登陸澳底後，食衣住行皆困苦。在小粗坑遭遇義軍吳國華率部隊狙擊，戰死一人，退回三貂大嶺，[10]這是清方的小勝利，但因邀功形成內鬨。

8　俞明震著：《臺灣八日記》，黃育智譯：《中日戰爭》（6）（臺北市：南港山文史工作室，2016年），頁373。

9　張健豐：《東武天皇戰死：探訪能久親王遺跡》，頁10、18。

10　周章淋編撰：《黑金的故鄉：猴硐》，頁59。

（二）光緒二十一年（1895）五月三十日

　　黎明，日軍以近衛步兵第一旅團為前衛，向西進犯。澳底西北去基隆五十里，沿途重巒疊嶂，山勢險峻，只有一條羊腸小道可通，崎嶇難行，三貂嶺為必經之路。日軍炮隊只得將炮身和炮車分解，由士兵分別肩扛。馱馬由於過度疲勞，或倒臥中途，或墜落澗底，軍需均靠人肩運送，甚至士兵也有誤從懸崖墜落者，沿途人民都拒絕與敵人合作。

> 　　日軍強令群眾搬運物資，並向他們徵收糧物，皆倔強不肯從命。以土人做民伕，中途逃亡者甚眾，無奈繫繩于其腰間，由士兵監督，鞭打使役。當詢問道路時，多回答「不知」。欲以小惠結其歡心，反招其輕侮，故不能恩威並行，寧可以威勢使之屈服。[11]

百姓消極不作為，日本只能以威勢恫嚇人民，這正顯示人民誓不從倭的抗日行動。五月三十日唐景崧命營官胡連勝，滬尾統領陳得勝率粵勇數百人乘火車赴基隆準備迎敵對戰。

（三）光緒二十一年（1895）五月三十一日

　　五月三十一日，日軍越過三貂嶺天險，瑞芳戰役正式展開。下午三時，樺山資紀總督亦登陸澳底，與親王相會，樺山資紀囑咐鮫島重雄參謀長：「這裡是日本皇族首次登陸臺灣的地點，他日應在此立碑紀念」。[12]立碑紀念為日本的習性，藉以標立功勳，因此在瑞芳之役後

---

11 楊蓮福總編輯，關正宗編譯：《甲午戰爭・臺灣篇》，頁238。引自《日清戰爭實記》第31編（明治二十八年），頁9-10。

12 許祐愷、羅珮芳編輯：《1895乙未戰爭・撥雲見日》，頁79。

亦在瑞芳公學校內立碑紀念。五月三十一日清晨，唐景崧命刑部主事、督辦全臺營務處的俞明震親赴前敵督戰，兼打理餉械、電報事宜並撥親兵六十人前往瑞芳支援。[13]營官徐邦道督兵鎮守要隘，見曾喜照的潰軍逃奔而來，也不敢和日軍直接交戰，僅部署義民五十人在後掩護，即率部眾撤退到瑞芳。[14]

　　這些所謂的五十人就是抗日義民，就在芉仔潭與日本兵打了起來。[15]

因為滿清兵力不足，武器匱乏，以游擊戰阻擋日軍前進。

（四）光緒二十一年（1895）六月一日

　　在當時，因道路險惡，且適逢臺灣六月的梅雨季，能久親王無法騎馬，乃坐上力士數人抬的轎，踏上征途。因豬皮作的靴子遇到水會變形，遂坐在道路邊的石頭上，換上草鞋、打綁腿，把望遠鏡和水壺背在身上，走進險難之山路，下午兩點才到達頂雙溪。[16]在山路中行軍，步行二里半[17]後，午餐，能久親王與將士們同樣食用有二個梅乾的米飯。下午三時到達頂雙溪，能久親王召見前衛隊長聽取敵情簡報，並下達次日上午攻擊瑞芳的命令。晚上住宿於鐵匠何慶的住宅，當晚蚊蟲肆虐。[18]日軍前衛司令官川村景明率近衛步兵第二聯隊，宿營于三貂嶺之巔。

---

13 張健豐：《東武天皇戰死：探訪能久親王遺跡》，頁26。
14 周章淋編撰：《黑金的故鄉：猴硐》，頁25。瑞芳就是指柑仔瀨。
15 韋家添訪談稿。
16 張健豐：《東武天皇戰死：探訪能久親王遺跡》，頁18。
17 明治維新之後訂定一里折合3.297公里。
18 許祐愷、羅珮芳編輯：《1895乙未戰爭・撥雲見日》，頁84。

此間行程不過三里，山路益加險峻，細雨如霧，三貂大嶺崢嶸巍峨，樹木蔽路，攀之困難，漸至山巔，雨歇雲散，前方風景盡收眼底。

六月一日凌晨臺灣民主國內務大臣俞明震派遣劉燕以及三十名砲兵，帶著五挺格林機槍前往瑞芳支援。俞明震親自前往瑞芳前線督戰，唐景崧從臺北派出支援的軍隊經由火車運輸源源而來。

（五）光緒二十一年（1895）六月二日

拂曉，日軍自三貂嶺宿營地出發，向瑞芳前進。早上六點，大雨不止，加上悶熱，將兵依舊和前日一樣冬裝、穿草鞋、打綁腿進軍，路險不能通車馬，只能徒步穿越。[19]因「三貂嶺」之天險，日軍只能派步兵至瑞芳和清軍周旋。

從三貂嶺到瑞芳一路難行，又荷槍砲，舉步維艱。六月的柑仔瀨是酷熱難耐，日軍穿著冬裝翻山越嶺又沒足夠糧食，再加上水土不服，可謂十分狼狽。六月二日，基隆提督張兆連到柑仔瀨支援進戰，上午七時五十分，日軍便向柑仔瀨發起進攻，晨，張兆連決定進戰，吹角列隊，雙方遂開始激戰。[20]

廣東守備劉燕率炮勇三十人運格林炮五門至，俞明震急命運至前敵。劉燕以瑞芳西面高地為陣地，列炮扼守。俞明震亦率親兵六十人赴前敵督戰，擬憑劉燕炮隊以固守。清兵或隱于村落的土墻後，或潛于茂密樹林之間，巧妙地利用地物猛烈射擊。[21]瑞芳、九份雖有防營，單薄不能擋大敵。

滿清派兵支援瑞芳的防務，曾喜兆有兩營軍隊，吳國華也有兵

---

19 張健豐：《東武天皇戰死：探訪能久親王遺跡》，頁26。

20 張健豐：《東武天皇戰死：探訪能久親王遺跡》，頁29-30。

21 楊蓮福總編輯，闞正宗編譯：《甲午戰爭‧臺灣篇》，頁238。引自《日清戰爭實記》第31編，頁13。

力，唐景崧派兵支援瑞芳（李文忠三營、陳得勝三營）……雖無具體
的軍方人數，但可從下表得知：

表 3-1　清朝支援北臺灣的清軍人數一覽表

指揮官	駐地	兵力	建制
記名總兵徐邦道	三貂嶺	1400	原清軍
統領陳國柱	金山	350	原清軍
副將吳國華	瑞芳	2450	原清軍
記名提督曾喜兆	澳底	1400	原清軍
提督張兆連	基隆	2450	原清軍
提督胡友勝	獅球嶺	1400	原清軍

清朝支援北臺灣的清軍人數一覽表，由本研究製表。

資料來源：《1895乙未戰爭第二集：瑞芳之戰》：尖端科技軍事資料庫，參見
網址：https://www.dtmdatabase.com/。錄取時間：2022年1月3日。

曾喜照的兵力是烏合之眾，不打戰先撤退，吳國華有兵卻棄守，如此
軍紀，無法對抗強敵，也是在預料之中。

　　能久親王一行於三貂嶺眺望瑞芳之戰況，並吃午餐。吃完午餐，
離開三貂嶺最高點，燠熱天候下，部隊艱困的在凹凸不平的山路前進，
司令部之將、校官在行進中疲累時，就蹲在路旁的石頭上稍作休息。
行進中又遇大雨，部隊更是寸步難行，當能久親王經過停在路旁休息
的生病士卒、軍夫身旁時，士兵們無不驚起，立正敬禮，能久親王則
將右手中的手杖移到左手，再予答禮，同時不許幕僚代為回禮。[22]由
此可見，日軍在北臺灣的戰役十分艱苦，能久親王也非常愛戴屬下。

---

22 許祐愷、羅珮芳編輯：《1895乙未戰爭・撥雲見日》（臺南市：國立臺南第二高級中
　學校友會，2015年），頁85。

清軍在三貂大嶺棄守後，日軍又攻佔173.7公尺的高地，清軍能扼守瑞芳谷底（柑仔瀨），選擇土山作為砲兵陣地。[23]根據能久親王隨從參謀河村秀一描述：

> 第二日，冒著大雨，前衛已在山下的金皎蔣（瑞芳）激戰中，《能久親王御遺跡史蹟調查報告》將「三貂嶺之險」列為史蹟，說明如下：六月二日，早上六點，親王率領本隊從頂雙溪出發，至瑞芳。此日大雨兼蒸暑，將兵仍穿冬衣。親王如前日穿草鞋、打綁腿，倚著青杖從武丹坑上三貂大嶺之險，到達預定地瑞芳，三貂嶺頂上為今瑞芳、雙溪兩庄之境界。[24]

酷暑氣候炎熱，軍隊行進中必然汗流浹背，況且身著冬裝更甚，又在滂沱大雨中交戰，汗水、淚水、血水早已混為一體。能久親王六月二日下午三點到達瑞芳，這天是星期日，也是非常矛盾諷刺的一天，一邊樺山總督和清國代表辦理交割臺灣的手續，同時另一邊臺灣正努力對抗日軍。

> 敵人的抵抗意外頑強，或僅僅以數十名前來逆襲，或單獨潛伏房屋竹叢中，待我通過後加以狙擊，其中讓人欽佩者，像是在瑞芳的戰鬥……從我死傷比率來看，足知敵人之頑強。

宰相有權能割地，孤臣卻要孤立戰鬥，在瑞芳之役中，因為敵人頑強造成日軍死傷慘重，然而日本卻對柑仔瀨十分欽佩，因為兵民寸土不讓，勇敢堅強奮戰到底的精神，令人動容。在激戰中，提督張兆連重

---

23 鍾志正、張健豐：《乙未戰爭研究：你不知道的臺灣保衛戰》，頁5、7。
24 張健豐：《東武天皇戰死：探訪能久親王遺跡》，頁31-32。

傷，提督陳得勝戰死，餘眾不支。日軍遂兩路包圍清軍炮兵陣地，劉燕督兵抗禦，死傷甚眾。俞明震率親兵助戰，亦被彈片擊傷，被部下抬至獅球嶺。瑞芳遂陷。在此戰中，日軍死傷十九名。清軍則有三十餘名戰死，三十餘名被俘。

> 據臺民言金瓜石又稱瑞芳，是雞籠街道中的一個村落，戶數不出三、四十戶，原本是落寞的村寨，但中央有兵營，人數相當多，且金砂總局設於此兵營內，佔領後作為我軍隊營舍，挨家挨戶搜索，若從每家都發現小槍彈藥來看，應是當地農兵，據俘虜所言：兵營有一營兵力，領頭叫王大人，許多人是今早從雞籠過來的，敵人不外從屋內射擊，或是據地形、利用地物狙擊，頑強抵抗……。有關此日的戰鬥，就外行眼光來看成果，我無煙藥火，射擊之地敵人難知，他們在山中森林之間，雖隱身巧妙射擊，但是發射之際白煙飄出，一下就被看破其所在地，不免成為射擊中心。[25]

上述為日清戰爭實記的紀錄，日本視瑞芳為基隆之轄區，瑞芳轄區包含金瓜石九份，清朝有兵營設於柑仔瀨，可知戰爭地點就在柑仔瀨，兵農合力抗敵，兵餉不足，武器不若日本，所以兵敗。

---

25 楊蓮福總編輯，關正宗編譯：《甲午戰爭・臺灣篇》，頁246。引自《日清戰爭實記》第31編，頁15。

圖3-2　光緒二十一年（1895）年柑仔瀨的市街位置，在今之柑坪里

資料來源：參見網址：https://www.dtmdatabase.com/News.aspx？id=594。

錄取時間：2023年2月2日。

（六）光緒二十一年（1895）六月三日

　　根據一八九五年七月十三日的日本讀賣新聞報導：瑞芳戰役，參戰的1500名浙江籍寧波官兵，約百餘人生還，日軍戰死的軍人[26]，可見當時戰況的慘烈。能久親王的隨從在日後回憶時敘述：這是我軍登陸臺灣之後真正的第一場戰役[27]。當日軍推進至金瓜石、瑞芳一帶，受到清軍的大力抵抗，日本盛讚在臺清軍之勇敢：「頑強抵抗，與滿洲兵大異其趣，且其直接逆襲來的勇氣，到底是東北中國兵勇望塵莫及。」

26　日本讀賣新聞報導一八九五年七月十三日。張健豐：《東武天皇戰死：探訪能久親王遺跡》，頁30。喜安幸夫：《臺灣島抗日祕史》（臺北市：鴻儒堂總經銷，1979年），頁26-27。李欽賢：《礦夫畫夢　蔣瑞坑》（臺北縣：臺北縣文化局，2004年），頁13，也認為日軍抵臺的第一戰就在內瑞芳（柑仔瀨）開打。

27　鍾志正、張健豐：《乙未戰爭研究：你不知道的臺灣保衛戰》，頁177。

這是臺灣人民反抗日本帝國侵略的戰爭，也可視為一場「臺灣保衛戰」[28]。一八九五年乙未割臺戰役，臺灣人也曾拼死拼活以血肉長城捍衛祖國海疆。義不帝秦，不讓日本人統治，雖敗猶榮，非常壯烈。

圖3-3　讀賣新聞的乙未戰爭相關報導

乙未戰爭時，在軍火不如人的情況下，清軍死傷慘重。

資料來源：一八九五年七月十三日的日本讀賣新聞。

日治時期基隆許梓桑（1874-1945）題《澳底御遺跡紀念碑參拜感賦》七言古詩：

陳師奉詔領臺灣。不辭險道同步卒。
大戰瑞芳又基隆。到處敵兵皆潰失。[29]

旨在說明日軍歷經艱難才取下瑞芳、基隆，臺灣人並非不戰而降。這場瑞芳之役即是柑仔瀨之役，柑仔瀨先民，與清軍合作，共同抵擋日

---

28 楊蓮福總編輯，闞正宗編譯：《甲午戰爭‧臺灣篇》，頁序6。
29 張健豐：《東武天皇戰死：探訪能久親王遺跡》，頁14。

軍的侵略，雖然壯志未酬，至少也展現柑仔瀨人不屈服的精神，兵短彈缺，仍奮勇抗戰，實令人肅然起敬。樺山資紀認為不用兵力難以鎮壓，晨六時，日本近衛師團又由瑞芳宿營地出發，向基隆進犯。

馬關條約之後，臺灣被割讓，許多文人不與苟同，紛紛寫下《臺海思慟錄》、《割臺記》、《臺灣八日記》、《瀛海偕亡錄》，此四部書文合集名為《魂南記》，記錄戰爭經過與作者當時的心情，其中《臺海思慟錄》與《讓臺記》對日軍登陸澳底至柑仔瀨有比較詳細的敘述，與日本文獻記載大致相符，舉一、二說明：

1　思痛子《臺海思慟錄》

乙未倭寇犯臺之役，記載戰事本末，分為五篇，名曰「臺海思慟錄」；蓋生於臺、長於臺，身受臺之創巨痛深、親見臺之同遭蹂躪而痛定思痛也。

> 喜照新募士勇兩營，成軍浦三日，遇敵不戰，潰，三貂無一兵，瑞芳九芬防兵單薄，不足當大敵……從三貂到瑞芳這中間有幾許的游擊戰，互有勝負。廣東守備劉燕率砲兵三十人督格林礮五架，扼瑞芳西面土山，營務處俞明震以景崧令來觀戰，亦在焉，瑞芳四面皆山，形如釜底，前旱甚雨，適國華率營至，未築壘，入住金砂局。
>
> 敵至……劉燕督礮隊自西面發礮下擊，彈雨下，敵死十餘人，復退去，是夜大雨，國華竟拔隊回基隆，棄瑞芳不守。
>
> 一場激戰開始，張兆連率護衛營冒雨至瑞芳……倭人三、四百人來攻，我軍槍礮並轟，敵頗傷亡，但最後，兆連率隊衝入，國華兵不接應，兆連受重傷，陳得勝戰死，曾喜照冒死救援，喜照亦受傷，另有庚子寮營李文忠，楊連珍，胡連勝，亦來瑞

芳助陣，最後劉燕被圍，礮勇死八人，傷四人，瑞芳遂陷。[30]
（自序）

這場戰役，無辜的百姓生活不得安寧，除吳國華外，多少兵將轟
轟烈烈犧牲，臺兵始則踴躍對壘，繼則兵薄勢微，首尾不接，終致敗
戰命運。儘管日本或清朝對於雙邊死傷人數見解不一，但血染柑仔瀨
是事實，柑仔瀨之役，誠如石破天驚逗豪雨，驚天動地泣鬼神。

2 吳德功《讓臺記》

五月二十九日日本大將樺山統軍直抵瑞芳，日軍既然得澳底，遂
踰三貂嶺，險歷山谷，達於瑞芳之大道，曾軍盡退瑞芳，午前，十一
時著手攻擊，三時，日軍抵瑞芳。

五月三十日日本近衛師團長北白川宮親王抵澳底登岸，同日，廣
勇統領吳國華（獅球嶺統將）與日軍戰於瑞芳，小捷。

五月三十一日唐民主調滬尾守將李文忠三營，陳得勝三營，助銘
軍戰於瑞芳，軍潰，張兆連傷足遁。

六月二日日本北白川宮親王率近衛師團出雙溪口，同日，福建候
補道楊汝翼統兵往臺北。

六月三日日本北白川宮親王率師團本隊，大將樺山統軍攻基隆，
銘軍統領張兆連遁臺北，基隆市全陷。

日軍至三貂嶺，宿金皎蔣，一行軍士，呼吸幾絕，始達山頂，聞
前衛在金皎蔣劇戰，親王走巖石，手持青竹杖，左右手引換，十分疲
困，多數軍兵病人等呻吟，親王通過敬禮之，是夜宿金皎蔣，與將校

---

30 思痛子：《臺海思慟錄》，收於易順鼎等著《魂南記、割臺三記、臺海思慟錄、瀛海
偕亡記、臺戰演義、馬關議和中之伊李問答：合訂本》（臺北市：臺灣大通書局，
1977年）。

協議，預期三日海陸夾攻，斥候長志歧中尉報告探悉戰線，午後十一時就村宿泊。[31]

　　思痛子《臺海思慟錄》、吳德功《讓臺記》引自易順鼎等著《魂南記、割臺三記、臺海思慟錄、瀛海偕亡記、臺戰演義、馬關議和中之伊李問答：合訂本》（臺北市：臺灣大通書局，1977年），是一本很好的史料，提供許多有關乙未戰爭初登場的資訊，值得參閱。

3　柑仔瀨砲臺

　　柑仔瀨砲臺加上流籠腳的亂葬崗，距離不遠的萬善寺，正說明柑仔瀨是個古戰場。砲臺，又作炮臺，是指裝備火砲的軍事建設。永久形式的砲臺，通常作為防禦性工事，且較為堅固，並主要裝備大口徑、遠射程火炮。柑仔瀨清初時即設有遞舖與官渡，顯見其交通地位

圖3-4　柑仔瀨砲臺
砲臺的外觀結構是石頭水泥靠山壁。

---

31 吳德功：〈讓臺記〉，《割臺三記》，收於易順鼎等著《魂南記、割臺三記、臺海思慟錄、瀛海偕亡記、臺戰演義、馬關議和中之伊李問答：合訂本》（臺北市：臺灣大通書局，1977年）。

之重要，交通又與軍事關係密切，劉銘傳時期，在基隆建獅球嶺砲臺，柑仔瀨砲臺建立時間不詳，但卻與獅球嶺西砲臺建築格局、內部結構頗為類似，獅球嶺砲臺為清領末期小型砲臺，建材為山岩，雖歷經百餘年，其構造仍然堅固異常，柑仔瀨砲臺位於小山丘上，有殘遺水泥碉堡，目前部分區域被雜草遮蔽，原屬軍方管制，因砲臺的重要性減弱，軍方已棄之不顧，現為民間使用。

圖3-5　獅球嶺西砲臺

砲臺的外觀結構是石頭水泥靠山壁

圖3-6　柑仔瀨砲臺內的觀測孔。

圖3-7 基隆獅球嶺西砲臺內的觀測孔

由上圖示可做一比較，得知柑仔瀨砲臺與基隆獅球嶺西砲臺的內部結構、外觀類似，基隆獅球嶺砲臺建於光緒十年（1884）劉銘傳時期，清法戰爭時對抗法軍，因此應可推定柑仔瀨砲臺在清朝時期即存在，柑仔瀨砲臺在乙未之役發揮禦敵的功能。

圖3-8 隱身在樹林內的柑仔瀨砲臺

圖3-9　柑仔瀨砲臺下的鐵道

圖3-10　柑仔瀨砲臺下的柑仔瀨街景

圖3-11　柑仔瀨砲臺位置

欲前進砲臺，可由明燈路一段三十九號旁階梯上去，即可抵達。

　　攀沿小小的階梯登上柑仔瀨砲臺，砲臺擁有擊退敵軍的理想制高點，視野極佳，可俯瞰整個柑仔瀨地區，能有效掌握整個柑仔瀨進出及移動狀況，故可控制柑仔瀨全區，戰略價值極高。砲臺其本身所擁有的歷史價值非凡，且因其居高臨下之利，柑仔瀨地區的景色盡收眼底。柑仔瀨砲臺位於柑仔瀨東北方，因其地勢高又有叢林且位居內陸，較為隱密，成為柑仔瀨的重要防線。前往柑仔瀨砲臺可由一〇二市道——瑞金公路北上，出瑞柑陸橋後，右轉侯牡公路直行一小段，再右轉後經過民家即可抵達。

三　戰爭結果

（一）火燒柑仔瀨

　　日軍澳底登陸，當地人並沒有激烈反抗，所以日軍與澳底人相安無事，雖然到頂雙溪、金九有過零星戰役，對日本而言並無重大損

失，可是到了柑仔瀨，是雙方火拼，日本有重大傷亡。日本唯恐清殘
兵躲入民舍，也要報復柑仔瀨的頑逆，因此三四十戶民舍，三、四十
戶民舍被燒毀，「瑞芳，是基隆街道中的一個村落，戶數不出三、四十
戶」[32]，柑仔瀨兵民合作抗敵精神，永垂千古。

（二）立紀念碑

瑞芳之役，瑞芳淪陷，凡走過的必留痕跡，瑞芳御舍營紀念碑、
忠魂碑，就是歷史的見證。

1　瑞芳御舍營紀念碑

日軍取下瑞芳後，於臺北州基隆郡瑞芳庄公學校南側扎營。昭和
七年（1932）基隆郡瑞芳庄役場出版之《以瑞芳為中心之能久親王御
遺跡》，對此解說如下：

> 《能久親王御遺跡史蹟調查報告》，瑞芳御舍營所址位於臺北
> 州基隆郡瑞芳庄柑仔瀨瑞芳公學校之內。御舍營之建物為砂金
> 局之公館，在稍高之處。改隸前為當時賊軍屯營之用，其位置
> 約位於現在公學校校庭東部高處的基地之上。[33]

---

32 俞明震：《臺灣八日記》中也提及瑞芳金砂局，當時該村落不過三、四十戶。
33 張健豐：《東武天皇戰死：探訪能久親王遺跡》，頁33。

圖3-12　瑞芳御舍營紀念碑全貌

瑞芳御舍營紀念碑，碑高和石臺高約1公尺，寬約60公分。

資料來源：張健豐：《東武天皇戰死：探訪能久親王遺跡》，頁33。

圖3-13　瑞芳御舍營紀念碑

資料來源：張健豐：《東武天皇戰死：探訪能久親王遺跡》，頁34。

日本政府稱清方官兵為賊軍，義民被稱為土匪，因立場不同，稱謂對立，司空見慣。瑞芳御舍營紀念碑，為能久親王進軍柑仔瀨的紀念碑，以紀念碑三字為額，碑文如下：

明治二十八年（1895）征臺之役，故陸軍大將能久親王殿下，
提近衛師團上路澳底，以六月二日擊破清國於瑞芳，乃會諸將
於此地，犒之矣。此日殿下草鞋黎杖越三貂之險，親督士卒，
全軍為之感奮焉。
明治三十一年四月十五日
瑞芳守備第二中隊建之[34]

　　瑞芳御舍營紀念碑所在的瑞芳公學校，位置在基隆郡瑞芳庄柑仔瀨字
柑子瀨一〇八番地，即現今的瑞芳區柑坪里。日本的紀念碑大多有濃
厚的軍國主義與英雄崇拜。

　　明治四十一年（1908）的《能久親王事蹟》，能久親王隨從描述：

（宮）抵達瑞芳，直接去探望傷者一一予以慰問，瑞芳原來山
間一寒村……沒有住戶可休憩、沒有吃的東西，殿下此日也進
入極粗陋之民舍，殿下至金皎蔣……照例此夜（六月二日）住
在粗陋之民舍。此金皎蔣乃瑞芳之地，[35]瑞芳戰役清軍駐軍的
砂金局所在。……殿下入金坑庄〔金皎蔣〕這個砂金採取之地
方御宿營。[36]

　　日軍登陸臺灣第一戰即是柑仔瀨之役，夜宿柑仔瀨公學校之地，柑仔
瀨有砂金局[37]，日軍以戰勝者自居，在征服之處就地取材，可是在寒

34　胡清正、陳存良等譯：《臺北廳誌》，頁402、張健豐：《東武天皇戰死：探訪能久親
　　王遺跡》，頁34、鍾溫清主編：《瑞芳鎮誌·建置開拓篇》，頁19。
35　張健豐：《東武天皇戰死：探訪能久親王遺跡》，頁36。
36　張健豐：《東武天皇戰死：探訪能久親王遺跡》，頁37。
37　唐羽：《基隆顏家發展史》（南投縣：臺灣文獻館，2003年），頁114。

村中糧食不足，在夏季又著冬裝，情況相當落魄，張幼緞還十分同情
日軍[38]，柑仔瀨人真是善良。

圖3-14　瑞芳御舍營紀念碑

六月二日於臺北州基隆郡瑞芳庄公學校南側露營地點。資料來源：許祐愷、
羅珮芳編輯：《1895乙未戰爭撥雲見日》，頁110。

2　忠魂碑

　　忠魂碑建於昭和十八年（1943），時值二次大戰急需精神動員，
於是日本在各地推動忠靈塔建立運動，以倡導愛國精神，在此背景之
下，忠魂碑於斯產生。忠魂碑位於瑞芳公園內，忠魂碑是臺灣極少數
保存完整的日治時代紀念殉職軍人的紀念碑。忠魂兩字是日治時期末
代總督安藤利吉的手書。碑石的兩側有安藤利吉以及當時臺北州知
事、瑞芳街街長的署名。忠魂碑的建立是為悼念明治二十八年

---

38 張幼緞訪談稿。

（1895）日本近衛師團接收臺灣時，在瑞芳戰役中陣亡及病亡的十四名日本軍人，大多數是近衛師團步兵。

圖3-15　忠魂碑

位於瑞芳公園內。長著青苔的忠魂碑，不知多久
無人在此祭拜，忠魂是否安在？

圖3-16　忠魂碑全貌

周圍森鬱的林木，人跡罕至，當年日本政府舉辦的神聖祭典已不復存在。

碑文如下：

明治二十八年領臺ノ際、陸軍中將能久親王御統帥ノ下、二近
衛師團ノ精銳ハ澳底二上陸頂雙溪ヲ經ラ基隆二向フノ途次六
月二日、此地二於テ有力ナル賊軍會シ、激戰數刻遂二之ヲ殲
滅ス後、守備隊ノ此地二置カルルヤ、當時名譽ノ戰死ヲ遂ゲ
タル勇士八名、竝二守備隊戰病死者六名ヲ此地二併セ葬リ、
墓碑ヲ建テ之ヲ祀ル此等十四勇士之赫々タル遺勳ハ、臺灣統
治ノ礎石ニシテ、永ク青史二輝ク、萬人ヲシテ共遺風ヲ欽仰
ニセシムル二足ル今ヤ大東亞戰爭酣ナルノ秋、臺灣始政四十
八周年ノ際シ、此碑ヲ建立シ以テ後世二傳フ昭和十八年　臺
北州知事　從四位勳三等　梁井淳二

碑文翻譯如下：

明治二十八年取得臺灣之時，由陸軍中將能久親王所率領之兩
精銳近衛師團，從澳底登陸，經頂雙溪向基隆邁進的途中，於
六月二日，在此地遭遇勢力強大的賊軍抵抗，激戰多時終將其
殲滅，守備隊將當時英勇捐軀之勇士八名，以及守備隊戰死與
病死六名合葬於此地，建立墓碑之後祭祀。這十四位勇士赫赫
的遺勳，正是日本統治臺灣的基石，將永遠在青史上散發光
輝，讓萬人對其遺風表達敬仰之意。現正值大東亞戰爭正酣的
秋季，也是日本在臺灣執政四十八周年之際，立此碑以供後世
傳述。昭和十八年　臺北州知事　從四位勳三等　梁井淳二

由忠魂碑的碑文可印證瑞芳之役，使日本戰事並非十分順利，日

本政府建紀念碑，目的是對臺胞洗腦烙印，這座石碑也間接彰顯臺灣民主國陣亡將士的忠魂，並見證乙未戰爭的歷史，當年守衛柑仔瀨的清朝官兵，並沒有讓日軍輕易取得柑仔瀨。

戰後，大多數日本紀念碑被搗毀，但忠魂碑卻保留完整，一因位置在荒郊野地，二則是屬陰森的墳墓，國人禁忌較多，因此忠魂碑得以保留下來。日治時期每年六月初，瑞芳當局都會召集地方士紳，聚會於能久親王御遺跡的紀念碑前，舉行「御聖蹟紀念祭」，並且安排佛院僧人上山至忠魂碑日軍墓地誦經，以撫慰當年殞亡於此地的日軍靈魂。臺灣光復後，日本人仍每年都會來此祭拜，近年就不曾出現，以致忠魂碑雜草叢生，有著無限滄傷。

忠魂碑因為整理乾淨，一度成為懷山煤礦礦工休息、附近居民休閒的好去處，在當時擁有照相機的人不多，有一位居民名叫益（EKI），帶三友人在忠魂碑照相，不意照片沖洗出來後變成四個人，這詭異的第四人穿著日本軍服，此消息傳出後，便少有人到忠魂碑。

第二節　瑞芳事件

改朝換代，統治者為穩固政權，寧可錯殺也不願放過一、二，因此冤獄層出不窮。

一　瑞芳事件的緣起

瑞芳事件發生於昭和十五年（1940），臺北州基隆郡瑞芳庄（今新北市瑞芳區），日本政府以叛亂之名，逮捕瑞芳仕紳李建興等人而造成嚴重的流血事件。李建興一族及員工百餘人，皆收獄，李建興三弟李建炎與其他二十餘人死於獄中，瓜連蔓引，波及柑仔瀨的瑞芳二坑。

二　瑞芳事件的經過

　　李建興在《紹唐詩存》〈治鑛五十年自序〉則提到：「民國二十九年『五二七』事件發生，余兄弟皆被日吏誣以通謀祖國罪嫌，繫身囹圄，而猴硐、瑞芳二坑、金瓜石等地遭受株連，因而死難者達七十二人。」[39]

> 灌水在刑室，昏迷倒地，甦醒時在露天，可見當日危殆之極，乃余一生歷險之三也。
> 灌水嚴刑苦不勝，吾身危殆似秋蠅，還魂稍覺知人事，聞叫聲聲李建興[40]。

李建興獄中被凌虐施水刑，在遭此酷刑下，如秋蠅般隨時都會死亡，他在被灌水後昏迷，在茫茫渺渺中，他聽到有人一直在喊李建興的名字，他從鬼門關回來了。

　　瑞芳二坑即是柑仔瀨的懷山煤礦，當時的礦工個個膽顫心驚，因有個日本走狗名為肖瑞，會通風報信或公報私仇，若然是日本版的廠衛，處處風聲鶴唳草木皆兵。倪蔣懷受牽連而被逮捕，以日記明志，幸運被釋回，倪侯太、洪瑞麟也被帶走，最後因罪證不足而被釋放，蘇適丁後來也被抓走，但還未受刑，臺灣光復了，幸運躲過一劫。[41]但一些小礦工就沒那麼幸運，許勇雄說：

39　李建興：《臺灣先賢詩文集彙刊‧紹唐詩集》（臺北市：龍文出版社，1992年），頁138。

40　同前註，頁31。

41　白雪蘭：《礦城‧麗島‧倪蔣懷》（臺北市：雄獅美術，2003年），頁154。

有個肖瑞（siau2sui7）專門做日本人的走狗，時常跟日本人說誰怎樣怎樣，李家出事情以後，有人偷偷告知小工頭許添丁，日本人要捉拿他，他先自行連夜脫逃至屏東，以避日本政府的耳目，未幾，再悄悄回柑仔瀨，迅速將房子賤價以三百圓賣給郭甲寅的丈母娘，這間房子就是現在的米詩堤甜點王國，然後再將妻兒帶到宜蘭山區躲藏，又有一些被舉報的小礦工來不及脫逃者，下場非常悽慘，被捉的礦工受嚴刑峻法，手段殘酷，有人不招供，用滾燙熱開水由頭部往下淋，還有強灌煤油至死，有人被拔十個手指的指甲，屈打成招，活活被虐死。[42]

瑞芳事件使日本當局更加嚴查謀通祖國造反，懷山煤礦遭檢舉準備迎接美軍，許添丁為工頭怕被牽連，即刻連夜脫逃，帶著妻兒一家七口

圖3-17　米詩堤甜點王國店

這家店原是許添丁的家，因被誣陷，許添丁為籌逃亡費用，只好賤賣。

---

42 許勇雄訪談稿。

躲到宜蘭山區水堀仔，過著原始人生活，食田鼠、野菜、地瓜，這也算是不幸中之大幸。[43]蔣瑞坑也怕被牽連，則躲到山區過著獵人生活，果然有礦工兄弟遭酷刑脅迫認罪，不認罪者被凌虐而死，許添丁脫逃至宜蘭，蔣瑞坑也到宜蘭躲藏，可知他們心中有多恐懼，生在此時代，只能說是個災難。

　　在苦力的時代，許添丁的家位置剛好是在往猴硐、往金九、往基隆臺北三條路線的交會點，可謂是一個黃金店面，當時公學校老師的薪資大約十七圓，以三百圓賣出，真的是很賤價！許勇雄說：

> 不久臺灣光復，肖瑞跑路（逃亡），聽說跑到桃園一帶躲起來，但是還是被仇家追上，仇家殺死他的家人，他的一個小兒子沒被殺死，但也因傷重變成殘廢

張幼緞（1929-　）說：

> 肖瑞這個人很壞心，光復後他被抄家，抄家才剛好而已。

莊天生與李建興有仇隙，誣告李建興造反，柑仔瀨有個肖瑞欺壓善良，這是日本警察給予奸臣上舞臺的機會，平民百姓最期待的是這些奸臣[44]應該斬首示眾，以昭公允。

　　小老百姓面對不公不義，因為生存的壓力，只能窩火憋氣，屈辱腦怒強壓心底，不敢也不能發洩，對外界事物更是蔽名塞聰，明哲保身。肖瑞狗仗人勢胡作非為，行事乖張，逐名趨勢，違天逆理，他不

---

43 許勇雄訪談稿。
44 老百姓受戲曲影響，習慣上稱壞人為奸臣，一般壞人的下場是斬首示眾，以平民憤，觀眾拍手叫好。

知道毀掉多少人的家庭，他被抄家只是因果循環得到報應，天理昭彰，但柑仔瀨的礦工是何等無辜！柑仔瀨屬礦業聚落，多數礦工辛勤工作，只圖溫飽，養家活口，且在一個保守的封建社會，識字率不高，民怕官，縱使官方無理也逆來順受，硬說這些礦工「通敵造反」實在太沉重，二二八事件受冤屈者也得到平反，獲得慰藉，瑞芳事件被虐死的小礦工，無錢無勢，甚至不知名，他們要向誰討公道？朱雀橋邊野草花，烏衣巷口夕陽斜，一段悲慘的歷史隨著一抹斜陽，向天際逐漸黑暗下去。

三　瑞芳事件的省思

多數人未識瑞芳事件，文史亦少提及這段歷史，縱有提及也是輕描淡寫，反觀二二八事件，尤其每到選舉的關鍵時刻，在部份政黨努力營造的氛圍下，二二八的史料一再被放大檢視，而瑞芳的五二七事件，卻變得雲淡風輕。

> 但對於此事件，也不在主流的文史紀錄著，無從關心起來，日人屠害家鄉長輩父老，以現今的觀點可說是二二八事件的日本版，差別在於加害人為日本政府，被害人為瑞芳人而已，對於瑞芳這種小地方的事沒人理，沒人關心，實在難以關懷。[45]

這是一段不容遺忘的歷史，異族統治下的流血事件，無辜受害者要得到慰撫，每年的五月二十七日應如同每年的二月二十八日一樣，有碑文紀念，由官方民間一起悼念，不要讓受難者的血白流。[46]

---

45 「文清的瑞芳札記」，參見網址：https://blog.xuite.net/rueifang.wenhnlin/sweethome/153262118。錄取時間：2023年2月27日。

46 瑞芳事件七十二人被酷刑折磨致死，民國35年（1946）李建興任瑞芳街長，主張開

　　柑仔瀨歷經日治時期五二七事件的驚嚇，對光復後的二二八事件，顯得禁聲，以避免悲劇再度發生。歷史不是記仇，而是記取教訓，不斷的向過去省思，藉以思考未來，並創造更多更高的價值，公部門對於瑞芳事件這段往事，不多聞且不重視，期待在本著作的努力下，可以保存事件的原貌。

第三節　日治體制下的臺灣人民

　　被殖民統治下的百姓，只能唯命是從，甚至為生存而屈就。顏雲年對乙未割臺的感受，也是臺人的心聲，柑仔瀨的不幸正悄悄地來臨。

乙未感事詩一

顏雲年

中夜皇皇草木兵，匪氛到處沸如羹。

居民願慰雲霓望，爭向軍前道至誠。

臺灣人民惶恐不安，處處風兵草甲，違害就利，因此不少民眾為求平安，只好爭相輸誠。

乙未感事詩二

顏雲年

為恐崑岡玉石焚，側身行伍願從軍。

乞來萬紙良民證，生死關頭賴此分。

追悼大會，擇此日在瑞芳火車站舉行，參加者近萬人，場面哀戚。引自林全州：〈瑞芳礦工抗日事件〉，《論文選集：臺灣史蹟源流研究會》，「75年會友年會」（臺北市：臺北市文獻委員會，1986年），頁24。

有人以志願兵換良民證，良民證是護身符，人民不願玉石俱焚，苟且
迎合以取悅日本人，只求保全性命。

乙未感事詩三

顏雲年

七尺鴻毛十日徭，敢云投筆學班超。

同胞幸得分良莠，厥角如崩頌聖朝。[47]

臺人已漸漸接受日人治臺的命運，雖然不是很願意，但也無奈，善
良的老百姓，無從選擇，為保身家立命，所以才有服從徵兵與改姓氏
之舉。

一　海南島悲歌

第二次世界大戰後，因應日本南進政策，急需大量駐軍與軍伕，
有志願兵、徵召二制，尤其太平洋戰爭兵力吃緊，實施徵兵制，但柑
仔瀨有十二人被徵召到海南島，根據張幼緞說法：日本人叫你去你就
要去，這是強制的徵兵制。[48]

張幼緞說：

> 二戰以後日本人徵軍伕到海南島，我們這裡有十幾個人，那時
> 候是日本政府叫他們去，他們就一定要去，所以這個聽起來並

---

47 顏敏耀、薛建蓉等著：《一線斯文：臺灣日治時期古典文學》（臺南市：臺灣文學
館，2012年），頁106。

48 日本戰況逐漸惡化之後，1942年開始招募「特別志願兵」，再至1945年初臺灣的全
面徵兵制度正式實施。

不是自願的，是徵兵制，除黃正欉以外，金枝的丈夫好像叫廖
國來，他也是其中一個，其他的人忘記了。日本人叫你去你就
要去，去的人大多是二十歲的少年人，有十幾個人去海南島，
死的人不是戰死的，聽說個卡垃圾（lah-sap）的水都喝[49]，當
然病死。

許勇雄說：

> 黃正欉[50]曾跟我說，有十二個人去海南島，結果只一人回來，
> 背十一包骨頭乎（honnh骨灰）回來，他們都不是戰爭死的，
> 是餓死的、病死的。

張子涇《再見海南島：臺籍日本兵張子涇太平洋終戰回憶錄》中也稱
臺灣人在海南島天天吃雜草與喝水，唯靠回臺的盼望活下去。
　　《臺灣新生報》，一九四六年九月十三日，第四版：[51]

> 海南島臺胞生活慘狀寫實〈海南島臺胞の慘狀寫真便り虫の息
> で原始生活生きているのが奇蹟です〉[52]

新聞報導臺人的生活如原始人一般，有些人住在洞裡，連穿的衣服也
被沒收。日本投降後，中華民國接收海南島，一個月只發一兩次的零
錢，使臺人天天吃雜草與喝水，唯靠回臺的盼望活下去，因營養不良

---

49 再怎麼髒的水都要喝，無從選擇。
50 黃正欉是十二個人去海南島唯一生還者。
51 張子涇：《再見海南島：臺籍日本兵張子涇太平洋終戰回憶錄》（臺北市：遠足文化，
　　2017年），頁39。
52 意為臺胞在悲慘生活中，形容如同昆蟲般原始生活的活著，真的是奇蹟。

而生病，許多人如廢人無法走路，能活著就是個奇蹟。這些報導正如
張幼緞與許勇雄所說的，真是個悲慘世界。

　　處於亂世的時代，往往自顧不暇，但同鄉之誼情深義重如兄弟般，
黃正欉不忍同鄉袍澤客死他鄉，無論如何也要將他們骨灰[53]帶回故鄉，
落葉歸根，這是何等深厚的情誼！

圖3-18　有情有義的黃正欉
資料來源：由其子黃國秋提供。

　　當一家主要經濟來源頓時失去所怙，日本政府與國民政府都不補
償的情形下，[54]

> 吳招弟她的丈夫死在海外（海南島），家裡有四個孩子，賣掉
> 三個孩子，只留下長女，名叫素蘭，素蘭後來結婚，她不久就
> 自殺了。[55]

---

53 所謂骨灰，不是很完整，有的只是一根手指頭，只能象徵性的帶屍骨的一部份回
　鄉，實在是莫可奈何的事。

54 戰爭是民國三十四年（1945）年結束，後來國民政府有些補償，補償極微，但那也
　是四〇年代以後的事。

55 許勇雄訪談稿。

礦工薪資雖然不高卻勉強能餬口，我負子戴，夫妻同安於貧窮，生活平實，男主外女主內，是當時典型的生活規則，當丈夫驟逝，一個婦道人家，如何承受這種打擊，在經濟拮据之際，一人無法養兒育女，只好賣兒賣女，無語問蒼天，天倫夢斷，當大女兒成婚後，吳招弟她認為責任已了，孤身一人，回想過去種種，是何等煎熬，於是自我結束生命，這是大時代的悲劇，令人耳不忍聞，這樣的劇情，卻正在臺灣各地上演著。

二　說國語改姓氏

　　說國語改姓氏是日本同化臺灣人的手段，說國語就是講日語，語言是溝通的工具，初學異國語言雖然有些不便，但時間久了就習慣，例如肉素肉ロースト（lóo-suh-bah 外來語），里肌肉，豬背中央處的肉由英語的「roast」音而來，影響日語，再傳來臺灣，一般都會說肉素肉（lóo-suh-bah）而不會說里肌肉，反而說里肌肉人家會聽不懂，至於改姓氏是一件大事情，畢竟名字只是一個符號，但姓氏卻是代表著血緣，及對家庭與宗族的責任，所以姓氏的意義就是正正當當，威武不屈，但是皇民化運動，在日本政府威脅利誘下，有人只好改姓氏，張幼緞說：

> 皇民化運動的時候，有國語家庭，陳天生、李添源然後他們有改姓氏，改希拉瓦（にしかわ）是西川的意思，改西川姓氏，然後每人好像可以豬肉多配送四兩肉。

臺灣人注重宗姓，所謂大丈夫行不改名，坐不改姓，日治時期改姓氏是一件很無奈的事，雖然違背常道，但仍合於義理，所以無人苛責，因為這些人也是受害者。

第四節　傑出的政治人物

政治者，乃眾人之事由眾人管理，政治人物就必須服務鄉里。政治人物是專門處理眾人之事的代表，有里長、鎮民代表[56]、參議員、縣議員……等。

一　深受愛戴的政治人物

所謂深受愛戴的政治人物，取自任期四屆以上或對地方有特殊貢獻受政府授獎者，柑仔瀨計有周東蓉、許朝明、許銘仁。另有王孝維，他在柑仔瀨成長，之後到外地奮鬥，當選四屆臺北市議員，表現優異。

（一）周東蓉

出生：大正一年（1912）

別名：蓉阿

辭世時間：民國六十六年（1977）

學經歷：某公學校高等科肄業，曾任瑞芳瑞義社社長、五屆瑞芳鎮民代表（1955~1973）。祖籍是汝南福建泉州人氏，早先是從汐止遷移到瑞芳發展，對地方與學校事務盡心盡力，慷慨解囊。在那個識字率不高的時代，日本的學校教育政策日文是主修，他能閱識英文，是很少見的，因其字體端正且熱心，經常幫人代筆寫信，地方傳為佳話。

---

56 臺北縣瑞芳鎮於民國九十九年（2010）改制為新北市瑞芳區。

圖3-19　銳氣風發的周東蓉
資料來源：周翠霞提供。

（二）許朝明

出生：民國四十五年（1956）

別名：貓仔、阿貓、阿明

出生地：新北市瑞芳區柑坪里

籍貫：新北市

學經歷：瑞柑國小、瑞芳國中畢業。曾任瑞柑國小家長會長（94年8月-95年7月），熱心公益，當選四屆里長，擔任里長達十六年（1994-2010）、義消救生分隊分隊長。許朝明於民國八十年（1991）加入義消救生分隊的行列，先後擔任基層隊員、小隊長、幹事、副分隊長、分隊長等職務，國中畢業當年，因父親許宗德講義氣，為友人做擔保，結果當事人不履行債務，於是天天有債權人上門要債，龐大

的債務迫使許朝明與其大姊賴桂香輟學，努力工作還債。許朝明為人正直，盡心盡力為鄉民服務，例如民國九十五年（2006）位在明燈路的榮積工業公司，原是從事廢輪胎回收，歇業後，負責人也不知去向，工廠就此荒廢，廠區內堆放大批廢輪胎，以及分解、還原後炭粉、廢油。連續幾天豪雨，雨水沖刷廠內的廢棄物質，大批廢油沿著排水孔滲流出明燈路的水溝，空氣中瀰漫著類似燒焦的惡臭，令人無法忍受，廢油從水溝流入基隆河，基隆河水質受污染。許朝明里長立刻與環保局處理此事件，又時時伸出援手幫助弱勢之義舉，不勝枚舉。

　　許朝明擔任義消瑞芳區分隊長有三十餘年（1991-2017），提攜後輩，諄諄教誨後進注意危險區域，尤其在處理死屍時並告誡不用害怕：「我們是來幫他們的，我們是在做功德」。許朝明獲得消防最高榮譽鳳凰獎實至名歸，協助搶救過無數大大小小的溺水、救火、山難等案件。

　　加入義消期間，從隊員一路做到分隊長，許朝明均全心全力參與各項消防救護工作，為消防工作付出自己的一份心力。一〇二年

圖3-20　2016年許朝明獲鳳凰獎

許朝明為義消楷模，以專業素養爭取信賴，以負責態度贏得認同。

（2013）年南雅奇岩登山客受困，順利找到待救者後馬上檢查其生理狀況，待其穩定後帶往山下；一〇三年（2014）三貂嶺登山步道山難救助，順利找到待救者；一〇四年（2015）聯和醫療器材公司火警，冒險進入搶救，逾十三小時搶救災害，奮勇盡職；一〇五年（2016）劍龍陵山難救助……等，均為警義消戮力互助才能順利完成任務。

（三）王孝維

出生：民國五十年（1961）

本名：王焜松

別名：黑松

學經歷：瑞柑國小，瑞芳國中、基隆中學、德明商專、康寧大學管理學系學士、企業管理學系碩士、臺北市立大學教育行政與評鑑所博士。曾任華弘國際股份有限公司的董事、綠色和平電臺主持人、獅子會會長、扶輪社會長、國際同濟會會長、內政部宗教諮詢委員會諮詢委員、臺北市第十、十一、十二、十四屆議會議員，問政犀利。因

圖3-21　不菸不酒的王孝維

王孝維在柑仔瀨成長，現為臺北市南港內湖區市議員，熱心公益。

資料來源：王孝維FB。

瑞柑陸橋的興建，房子被徵收，只好舉家遷至臺北。退伍後，努力認真從事電子音響業，並自省應從事公益，且不煙不酒，致力於提升臺灣環保意識，關切公共議題、提升港湖體育運動風氣，同時在臺灣民主發展的運動史上，不缺席每一場挺臺灣的民主活動。

（四）許銘仁

出生：民國七十一年（1982）
出生地：新北市瑞芳區柑坪里
籍貫：新北市
學經歷：瑞柑國小、時雨中學、瑞芳高工、瑞芳義消副小隊長、一〇三、一〇七、一一一年當選新北市瑞芳區第二、三、四屆里長。

許銘仁守護地方不遺餘力，一〇五年（2016）底曾與里民跟警方合作，抓到竊賊，事後媒體採訪時低調不願露臉，只願留下背影，被里民稱為「最勇敢的背影」。一〇六年（2017）當時年僅三十五歲的許銘仁，成為新北市特優里長中最年輕的里長，許銘仁平時身體力行，親力親為，也讓他只做三年的里長，就獲得特優里長的殊榮。一一一年（2022）七月二十六日新北市長侯友宜頒獎表揚環境五星級認證的瑞芳區柑坪里里長許銘仁（右），肯定綠化讓環境永續。瑞芳區柑坪里參加今年（2022）市府環保局里環境認證，獲得五星級環境認證，這也是柑坪里連續四年拿下五星級認證，許銘仁認為：

> 能有這樣的成績都要靠里內近三十位的青年志工，若需要體力的整理工作，他們都願意付出，還有易服勞役的人，也是里內很大的人力資源，因為有他們才能將里內環境整理得有聲有色，也感謝區公所還有清潔隊的協助，讓里內環境越來越好。

許銘仁謙卑的態度，急公好義，陽光的笑容，贏得鄉人的認同。

圖3-22　環境五星級認證的里長──許銘仁（右者）

圖3-23　績優防災里長──許銘仁（右者）

二　歷屆臺北縣瑞芳鎮暨新北市瑞芳區柑坪里里長、民意代表、參議員、縣議員

（一）歷屆臺北縣瑞芳鎮暨新北市瑞芳區柑坪里里長

　　臺灣省地方自治未實行前，村里長的選舉是由村里民大會推舉產生，民國三十五年（1946）一月十五日前，依據國民政府所訂之「臺

灣省縣市村里民大會開會規則」先成立村里民大會之後，由大會選舉
村里長。[57]民國三十九年（1950）之後便是公民選舉，一人一票。

表 3-2　歷屆臺北縣瑞芳區柑坪里里長一覽表

屆別	選舉日期	當選人	當選票數	備註
第一屆	民國35年 2月20日	李添源		第一屆-第八屆瑞芳屬於基隆區。
第二屆	民國37年	林天送		村里長可連選連任。
第三屆	民國39年	郭甲寅		公民選舉，一人一票，地方自治第一任村里長。
第四屆	民國42年 3月1日	郭甲寅	313	40年取消得票數超過半數規定。
第五屆	民國44年 4月17日	李金生	492	42年當選人妨害選舉，經法院判決確定者，其當選無效。
第六屆	民國47年 5月4日	李金生	507	
第七屆	民國50年 4月30日	林鳳賢	857	
第八屆	民國54年 5月9日	詹水連	408	
第九屆	民國58年 5月11日	黃金來	缺	全瑞芳區皆無投票數資料
第十屆	民國62年 10月6日	吳森養	521	
第十一屆	民國67年 6月17日	吳森養	660	

---

57 張勝彥總編：《續修臺北縣志‧卷七‧選舉志‧第五篇‧村里長之選舉》（臺北縣：
　臺北縣政府，2006年），頁2。

屆別	選舉日期	當選人	當選票數	備註
第十二屆	民國71年 6月14日	林天賜	410	
第十三屆	民國75年 6月14日	林天賜	845	
第十四屆	民國79年 6月16日	林天賜	451	
第十五屆	民國83年 7月16日	許朝明	642	
第十六屆	民國87年 6月13日	許朝明	867	
第十七屆	民國91年 6月8日	許朝明	432	
第十八屆	民國95年 6月10日	許朝明	643	連任四屆，任期最長
新北市 第一屆	民國99年 11月27日	邱金生	428	
新北市 第二屆	民國103年 11月29日	許銘仁	421	最年輕的里長
新北市 第三屆	民國107年 11月24日	許銘仁	619	
新北市 第四屆	民國111年 11月26日	許銘仁	457	

資料來源：選舉公報、張勝彥總編：《續修臺北縣志・卷七・選舉志・第五篇村里長之選舉》，頁34-494。

(二) 歷屆臺北縣瑞芳鎮柑坪里鎮民代表

縣轄市市民代表由里民大會選舉，每里選出代表一人，鄉鎮區民

代表亦由村里民大會選舉，但名額依人數多寡定之，自民國三十九年起臺灣省各縣市開始實施地方自治選舉，村里公民直接選舉。

表 3-3　歷屆臺北縣瑞芳區鎮民代表一覽表

屆別	就職日期	當選人	備註
第一屆	民國35年 4月7日	陳天生	本表所列鎮民代表皆為柑仔瀨人士
第二屆	民國37年 4月25日		
第三屆	民國39年 10月1日	林天送、 黃石	直接選舉，人數超過500人，每增加500人，增加代表一名。
第四屆	民國42年 3月16日	林天送、 黃石	直接選舉，以村里為單位，人數超過1000人，每增加1000人，增加代表一名。
第五屆	民國44年 6月1日	周東蓉、 黃石	
第六屆	民國47年 6月1日	周東蓉	
第七屆	民國50年 6月1日	周東蓉	以鄉鎮劃分為若干選區，鄉鎮居民每滿2000人，選出代表一名。
第八屆	民國53年 6月1日	周東蓉	
第九屆	民國57年 6月1日	周東蓉	
第十屆	民國62年 11月1日	周紹賢	
第十一屆	民國67年 8月1日	周紹賢	

屆別	就職日期	當選人	備註
第十二屆	民國71年 8月1日		
第十三屆	民國75年 8月1日	賴世南	

資料來源：戴寶春、張勝彥撰：《續修臺北縣志‧卷七‧第一篇‧鄉鎮縣轄市民代表之選舉》，頁71-75。

（三）歷屆臺北縣參議員、縣議員

　　民國三十五（1946）年三月臺北縣依三十年（1941）五月九日中央政府頒布之「縣參議會組織條例」辦理參議員選舉，第一屆參議員係由鄉鎮市代表推選，每一鄉鎮市選出一人，另農會團體選出三人。民國三十九年（1950）十二月十七日依臺灣省政府三十九年（1950）四月二十日頒布之「臺灣省縣市實施地方自治綱要」舉行臺北縣第一屆議員選舉投票，選出的議員於四十年（1951）一月四日宣誓就職，任期二年。過渡時期的縣參議會走入歷史，正式邁入臺北縣議會時代。

表 3-4　臺北縣參議員與第一屆臺北縣縣議員一覽表

屆別	任期	當選人	學經歷
參議員	民國35年4月15日-民國39年12月31日	周碧明治十五年（1882）-民國69年（1980）	臺北師範學校畢業，曾任瑞芳公學校教職、臺陽股份有限公司監察、北投鎮鎮長、北投初級中學校長、臺北縣參議會參議員、陽明山管理局顧問、軍民之友社陽明山分社理事與監事、國際紅十字會陽明分會會長。
第一屆縣議員	民國40年1月4日-民國42年1月5日	陳天生明治四十年（1907）-	國民學校畢業，曾任瑞芳鎮民代表、瑞芳鎮農會幹事、臺北縣議會議員。任內提出許多增進瑞芳礦產的獎勵計劃，以助礦產發展，曾建議縣政府改編國中小的教科書，讓內容更符合當時的教育方針，他也建請中央將屬於臺北縣的交通事業歸還地方經營，以利財政發展。
第一、二、三屆縣議員	民國40年1月4日-民國47年2月20日	李梅樹明治三十五年（1902）-民國72年（1983）	臺北師範學校畢業、東京美術學校畢業。曾任瑞芳公學校教職、三峽庄協議員、三峽街街長、三峽鎮第1、2屆鎮民代表會主席、三峽祖師廟重建主任委員、中華民國美術協會理事長及師範大學與文化大學教授、國立臺灣藝術專科學校美術科主任、臺北縣議會第1、2、3屆議員。 李梅樹是臺灣知名藝術家，三屆議員內對三峽道路鋪設多所建樹，他對美術教育推廣用心，三峽清水祖師廟建築物精雕細琢由他一手設計、繪畫、監督施工，其子孫為他成立李梅樹紀念館收藏他所有作品。

資料來源：陳幸進總編：《臺北縣議會志》（臺北縣：臺北縣議會，2010年），頁48、160、163。

圖3-24　臺北縣參議員周碧

資料來源：《臺北縣議會志》，頁155。

圖3-25　第一屆臺北縣議員陳天生

資料來源：《臺北縣議會志》，頁171。

圖3-26　第一、二、三屆臺北縣議員李梅樹

資料來源：《臺北縣議會志》，頁163。

上述三人因居住過柑仔瀨一段時間，可視為柑仔瀨人士，從選舉中亦可一窺柑仔瀨的經濟發展狀況，在瑞芳鎮的區域選舉鎮民代表至民國七十五年後的當選人歸零，縣議員（或新北市議員）的選舉，至民國四十二年以後，也未出現當選人是來自柑仔瀨，經濟繁榮的地方才有人潮，有人潮投票數才會多，可見柑仔瀨的經濟已出現些微妙變化。

第四章
經濟篇

　　柑仔瀨的經濟濫觴由農業墾殖開始發展，基隆河中砂金出現後，人潮多漸形成聚落，後又有煤礦開採，市集更加繁榮，臺灣光復初期柑仔瀨曾是瑞芳鎮人口最多的里，只因礦災連連，煤產價格受國際影響，最後走向封坑命運，於是人口大量流失；鐵路平交道車禍頻乃，於是拆屋興建柑坪立體陸橋，人口再一次大量遷移，柑仔瀨的文物又遭遇毀滅，就連發展觀光業都很難，注定柑仔瀨的凋零。

第一節　柑仔瀨的開拓與建置

　　地名即是一個地區的名稱，地方的命名是人類意識的活動，地名代表當地的歷史演進，是社會發展的產物，有其獨特性。地名的形成，受該地的地理、歷史、民族和語言所影響，可藉以了解該地區的環境發展和變遷。例如吊橋頭是因為當地為吊橋的開始處，船仔頭乃開始開船之地，六崁仔是當地有六間店，流籠腳是當地位於流籠終點，變電所是當地有間變電所。瑞芳的前身是柑仔瀨，由柑仔瀨轉變成瑞芳，是日治時期行政區的改變，清領時有柑仔瀨庄，日治時期有瑞芳堡，正式起用瑞芳為行政區域的名稱，從此瑞芳取代柑仔瀨，並成為更大範圍區域的地名，日治時期曾稱柑仔瀨為瑞芳街，昭和五年（1930）因有別於龍潭堵的發展，因此稱柑仔瀨為內瑞芳，龍潭堵到火車站一帶稱之為外瑞芳，民國三十五年（1946），棄柑仔瀨之名改為柑坪里，從此柑仔瀨這個地名走入歷史。

一 柑仔瀨（kam-áluā）地名的由來

柑仔瀨地名的由來，主要是跟自然環境、人名、諧音有關，議論紛紛，如下說明：

（一）自然環境

1 《瑞芳鎮誌・經濟篇》說

柑坪里以昔日柑子瀨庄得名，地沿基隆河，有淺水成瀨，附近栽培柑樹以名，記載農作物有柚子與桶柑[1]。當時賴世與陳登（或名陳火燒）最先到達此地開發，此二人在今瑞芳柑坪里地區栽種橘子（閩南話為柑仔），地點就在今日基隆河沿岸的左側，由於橘子的栽種面積日趨擴大，於是逐漸形成「柑子瀨莊」。[2]

2 賴盛雄說

柑橘園種於山坡上，雨過後，水流潺潺，沿山坡留下一條條小逕流，水的紋路如梳頭髮一般梳下來。[3]梳頭髮的梳（luau4）[4]音瀨（luā）。以前在賴盛雄（莫力もり）他們家後面山坡及他們家旁邊往猴硐方向的山坡，全部都是種柑橘，所以叫柑仔瀨。張幼緞也說：「因種植柑橘樹在小山坡上，瀨（luā）：由高而低水緩緩流下」。[5]

---

1 鍾溫清主編：《瑞芳鎮誌・經濟篇》，頁3。

2 葉茂謝：〈瑞芳鎮資源地理的研究〉，《臺灣銀行季刊》第33卷第1期（1982年3月），頁265。

3 賴盛雄訪談稿。

4 捋頭鬃luáh4thâu-tsang（梳頭髮）與瀨（luā）音近。

5 張幼緞訪談稿。

3　瑞芳地政事務所網頁說

此處河流淺灘附近種有眾多柑仔稱之。「柑子瀨」段現在位於柑坪里新柑橋一帶，全段均位於基隆河的左岸，「瀨」是指很多礫石的淺水灘，「柑子瀨」（河洛話Kam-ma-rua）就是旁有種植柑橘的淺灘，在現今「達樂花園、黃金大鎮一帶」山坡地都種有大面積之柑橘園，而其對岸即現今「柑子瀨」本地段即以此命名，相傳開臺軍督劉明燈巡視北部軍務坐船至今柑子瀨下船，再換乘馬匹繼續往噶瑪蘭前行，中途的休息所就是現今柑坪里的「柑子瀨段」，而留下「明燈路」「明燈書院」「金字碑」與草嶺古道上的虎字碑等古蹟，所以早期的「柑子瀨」是個熱鬧非凡、人文薈萃的地方。[6]

4　許勇雄說

柑仔瀨在未到流籠腳土地公廟前，那附近也是一大片柑橘園，後來業主沒有繼續經營，就有人改種金棗，又有河流，淺灘時常見到。

游鳳麗（1960-　）補充說：

如果要找柑坪里的溪流與柑橘園，瑞柑國小有、流籠腳有，二條有匯集（在莫力家附近），據瑞柑國小的老校工說瑞柑國小周圍以前就是一大片柑仔園，溪流匯集流過我家後面，再流經下店仔，最後匯入基隆河。

6　瑞芳地政事務所網站，參見網址：https://www.ruifang.land.ntpc.gov.tw/cp.aspx?n=7619，錄取時間2022年9月6日。

5　吳金水說

柑仔瀨的柑仔園就在流籠腳那一大片，以前基隆河的船，可以走到船仔頭，那時候的船是用竹蒿撐的，因為是逆水而行，船是薄薄的，到船仔頭之後，卸貨，由買家挑貨到九份去賣，然後路過柑仔園口渴，採柑橘吃，所以柑仔瀨的柑仔園就在是在流籠腳這一帶。

（二）人名

1　《瑞芳鎮誌・建置開拓篇》說

「柑仔瀨」，此名源自於賴世、陳登二人合夥開設的雜貨店「柑仔賴」，意思為開雜貨店的「老賴」，後來雜貨店就是籤仔店（kám-á-tiàm），籤仔轉為「柑仔」，「賴」轉為瀨，這是因為同音之故。[7]黃啟輝類似說法：「有個姓賴的老闆，開一家雜貨店，雜貨店就是柑仔店」。[8]

2　瑞芳鎮導覽光碟三部曲 DVD 說

有一家うう仔店，老闆姓賴，行腳人常在此休憩補給，所以稱為うう仔賴。清代年間宜蘭線鐵路尚未開通前，先民由臺北往返噶瑪蘭，多得靠基隆河水運，但基隆河到瑞芳後，即因地勢險峻不利船行而須就此停泊，然後翻山越嶺走淡蘭古道前往，當時有人在渡口附近開一間柑仔店，行腳人常在此休憩補給，因為老闆姓賴，大家便以「仔賴」稱呼之，日後轉為「柑仔瀨」。[9]

7　鍾溫清主編：《瑞芳鎮誌・建置開拓篇》，頁44。
8　黃啟輝訪談稿。
9　瑞芳鎮導覽光碟三部曲DVD。

按柑仔瀨的柑仔，耆老咸認與柑橘有關，柑橘園耆老大多認在賴盛雄家附近的山坡或流籠腳，這兩地距離非常接近，有很多路過該地的人口渴，順手摘柑橘解渴，因此地是交通要道，所以才有很多路人經過。至於在基隆河對岸的「達樂花園、黃金大鎮一帶」山坡地或許以前有大面積之柑橘園，但與柑仔瀨的命名無關。若論瀨的地點，賴盛雄家附近也有野溪，溪中淺灘處處，就在柑橘園附近，流籠腳也有此條件，所以柑仔瀨地名的源處即在這兩地，至於賴盛雄說的瀨，並非淺灘礫石，是比較特殊的說法，或姓賴的老闆因開雜貨店而有柑仔瀨地名，僅少數人認同。在地人對在地文化的瞭解比較深，可信度也較高，儘管眾說紛紜，見仁見智。

在瑞芳圖書館的一面牆壁有文宣書寫瑞芳的歷史：

> 瑞芳區早在光緒年間，北迴鐵路和宜蘭線尚未開設前，先民因當時陸路交通不便，往來於臺北地區的貨運依靠基隆河水路運送補給。瑞芳對外水運接駁渡口在柑仔瀨，就是現在的柑坪里（或稱內瑞芳），已成為臺北地區往返於葛瑪蘭（今之宜蘭縣）之間者的必經之地。後來因為金瓜石及九份山區陸續發現金礦，採金人絡繹不絕。上山採金必先經由柑仔瀨，適時基隆河接駁渡口附近，有一雜貨店，因為開在柑仔瀨，所以人稱柑仔店，後來柑仔店一詞變成全臺灣雜貨店的代名詞，柑仔店名為瑞芳，而其店店貨之日用品，可說是南北雜貨俱備，成為前往山區採金與往返葛瑪蘭中途補給及休息所，由於往來者眾多，不約而同或口頭相約，都說去「瑞芳」或從「瑞芳」回來，聚集同行，沿襲成名。
>
> 日治時期設臺北州基隆郡瑞芳街，一九四○年曾發生瑞芳事件，一九四五年戰後改稱臺北縣瑞芳鎮，至二○一○年隨著五都升格實施而改制為新北市瑞芳區。

瑞芳歷史

瑞芳區早在清光緒年間，北迴鐵路和宜蘭線尚未開設前，先民因當時陸路交通不便，往來於臺北地區的貨運倚靠基隆河水路運送補給。瑞芳對外水運接駁渡口以柑仔瀨（kamalua），就是現在的柑坪里（合稱內瑞芳），已成為臺北地區往返於噶瑪蘭（今之宜蘭縣）之間者的必經之地。後來因為金瓜石及九份山區陸續發現金礦，採者人絡繹不絕。上山採金必先經由柑仔瀨，適時基隆河接駁渡口附近，有一雜貨店，因為開在柑仔瀨所以人稱柑仔店，後來柑仔店一詞變成了全台灣雜貨店的代名詞。柑仔店名為「瑞芳」，而其各店鋪之日用品，可說是南北雜貨俱備，成為前往山區採金與往返噶瑪蘭中途補給及休息所。由於往來者眾多，都不約而同或口頭相約，都說「去瑞芳」，或「從瑞芳回來」聚集同行，沿襲成名。

日治時期設台北州基隆郡瑞芳街，1940年曾發生瑞芳事件。1945年戰後改稱臺北縣瑞芳鎮。至2010年隨著五都升格實施而改制為新北市瑞芳區。

圖4-1　瑞芳歷史說明圖

資料來源：新北市瑞芳圖書館牆壁的文宣，介紹瑞芳歷史。

由上圖得知：只因為基隆河接駁渡口附近有一雜貨店，雜貨店就在柑仔瀨，所以人稱柑仔店，後來柑仔店一詞，變成全臺灣雜貨店的代名詞，這真的是始料未及的事。

二　瑞芳地名的由來

　　瑞芳地名的由來，主要是與店名有關：

　　乾隆十五年（1750）賴世、陳登開墾柑仔瀨，兩人開店名為瑞芳，過往商旅都在此歇腳補給。當地居民要購買日用品時都說去「瑞芳」。由於該店地處臺北到宜蘭的交通要道上，過住旅客多，久而久之便把「瑞芳」當做該地的地名。[10]

10　張郡洋編：《臺灣地名的故事》（臺中市：尚陽文化事業，1991年），頁31。

　　柑子瀨是河谷通道進入三貂嶺山區的轉接處，又是基隆河小型船隻的終點站，所以商業聚落往來人口眾多，商旅要到柑子瀨，因「瑞芳柑仔店」較知名，就直呼要去瑞芳，久之演變為莊名。[11]

> 宜蘭線火車未開通前，住民所需物質，惟靠水路，自八堵沿河蜿蜒十數里渡頭，有村落唯一南北貨店，名曰瑞芳，交易廣闊生意興隆，因店名優美，呼韻尚佳，住民印象猶深，後來此店雖關閉，瑞芳兩字流芳為街名。[12]

瑞芳原為柑仔瀨此地的店號，瑞芳街也是柑仔瀨，地名的形成是經多人的共識，因使用盛廣而終於成為地名[13]，不論是書籍紀載或民間認定，依約定俗成，皆認定瑞芳與瑞芳店名有關，此觀點爭議性較少。

三　先人墾殖

　　乾隆十五年（1750）賴世、陳登開墾柑仔瀨，嘉慶初年安溪人沈克明也進行招佃，承襲傳統水田耕作習慣，再開墾柑仔瀨地區，道光年間白用嬰、白居入墾柑仔瀨；[14]至清末乙未戰爭時已有三、四十戶人家，砂金、煤礦的採收，人口湧至千人。

　　柑仔瀨在未開墾、初開墾時，荒煙漫漫，仍是瘴癘之地，先人開發地區由六崁仔（明燈路一段45巷）那邊開始，今之棒球場為河階地形，開墾為水稻田，篳路藍縷，開發過程十分艱辛。

---

11 陳章棧、周章淋編著：《猴硐探源》（臺北縣：猴硐國小，2001年），頁12。

12 李鳳英執行編輯：《瑞芳國小創校百週校慶年特刊》，頁176。

13 胡清正、陳存良等譯，《臺北廳誌》，頁398。

14 王振愷FB「暖暖的白氏家族」，參見網址：https://blog.xuite.net/jjwang35/twblog/588
　　373449#，錄取時間2022年10月9日。

四　柑仔瀨的沿革

　　柑仔瀨本為清朝末葉之街庄名，其下另有柑仔瀨及苧仔潭兩個土
地名，其中苧仔潭往昔因為濱臨基隆河凹岸深水處，大多種植苧麻，
因此稱為苧仔潭。[15]嘉慶二十年（1815），柑仔瀨鋪北距燦光寮十五
里。鋪司一名、鋪兵四名。道光十二年（1832）屬於柑仔瀨區內的苧
仔潭，有苧仔潭渡，廳北二百零八里，屬三貂嶺腳。「袋仔潭」[16]，水
深需要渡船，官渡，船一隻（以上官渡，均在水返腳、上溪洲之
內）。[17]道光十七年（1837），鋪遞：暖暖街，北距柑仔瀨十五里。鋪
司一名、鋪兵四名。[18]臺灣清代的鋪是公文郵遞站，也就是現在的郵
局。[19]鋪司意為古時驛站的主管人員。鋪兵驛站中負責遞送緊急公文
的兵士或古時巡邏及遞送公文的兵卒。鋪遞設鋪兵，以供步役。每鋪
鋪兵，約二至四名。如遇緊急軍務，則在重要地點設立腰站，等戰役
結束後裁撤，由此顯見柑仔瀨的交通與戰略位置的重要性。

　　姚瑩《臺北道里記》言：

> 三貂仔，有汛。四里苧仔潭，過渡水深無底，有小店為往來食
> 所。[20]

苧子潭，相傳開闢於清朝乾隆年間，因基隆河河道彎轉，形成水潭，
河岸有農民種植苧麻或茶，因而得名，由上文可知苧仔潭，因過渡水

15　洪敏麟編著：《臺灣舊地名之沿革》（臺中市：臺灣省文獻會，1980年），頁340-341。

16　苧仔潭＝袋仔潭。

17　陳培桂：《淡水廳志》，（臺北市：臺灣銀行，1963年），頁69。

18　同註17，頁56。

19　同註17，頁57。

20　同註17，頁397。

深無底可設渡口，有小店即是瑞芳店。

「柑仔瀨」在清朝時稱為「柑仔瀨庄」，是昔時淡蘭古道通往宜蘭的要道，也是九份生活物質需求的轉運站。「苧仔潭」，也是乾隆年間開闢，因為沿河都種苧麻，因此得名。[21]柑仔瀨可謂瑞芳鎮最早開發的地方，今日稱為內瑞芳，因為瑞芳鎮在未開發鐵公路設施前，人員的出入、物資的運輸，均以基隆河為唯一的交通運輸，且因基隆河自柑仔瀨以上係湍流，導致船無法行進之下，柑仔瀨乃成為航運終點，有此地利，所有商店、派出所、學校及行政機關都在內瑞芳。[22]

同治四年（1865）出現基隆堡柑仔瀨庄，土名柑仔潭。光緒元年（1875）臺北府基隆廳（基隆堡柑仔瀨庄），柑仔瀨西與龍潭堵庄為鄰，北側西段與深澳庄為鄰，北側東段及東側與煉仔寮庄為鄰，南側東段為九芎橋庄，南側中西段隔基隆河與三爪仔庄交界[23]。

文獻上瑞芳地名的正式紀錄，始於明治二十九年（1896）在《臺灣臺北縣報》登載的地名是基隆堡瑞芳店；明治三十年（1897）設立基隆辦務署瑞芳店支署，都是沿用「瑞芳店」的名稱。明治三十四年（1901）設基隆廳瑞芳支廳，地點位於基隆堡柑仔瀨庄，土名瑞芳街，這是「瑞芳」為行政區域名稱的開始。柑仔瀨與龍潭堵兩地的發展也因為交通開發與煤礦開挖而轉變。[24]昭和五年（1930）瑞芳庄役場[25]由柑仔瀨的六崁仔遷到龍潭堵，取代柑仔瀨原本行政中心的角色，變為瑞芳鎮行政及交通中心所在。總之，「瑞芳」在昭和五年（1930）以前，是柑仔瀨庄一帶的統稱，龍潭堵地區便承襲「瑞芳」

21 盛清沂：《臺北縣志・卷五・開闢志》，頁1316。
22 鍾溫清：《瑞芳鎮誌・建置開拓篇》，頁63。
23 臺灣日日新報社編輯：《臺灣堡圖》（臺北州：臺灣日日新報社，1906年〔明治39年〕）。
24 王志鴻：〈瑞芳歷史散步——礦業之鄉的導覽・貳之壹〉，《北縣文化》第53期，頁21。
25 瑞芳庄役場：瑞芳的行政中心，類似區公所。

的地名，在昭和五年（1930）以後，便將瑞芳火車站附近的龍潭堵地
區視為瑞芳的市區，稱為外瑞芳，而柑子瀨則改稱為「內瑞芳」做為
區別。日治時期的公學校建於內瑞芳，後遷地到現今外瑞芳的瑞芳國
小。又因柑仔瀨地窄多山，瑞芳逐漸向外發展至逢甲路（龍潭堵）。[26]

圖4-2　瑞芳庄役場

即在逢甲路上。資料來源：瑞芳庄役場，陳石煌：《臺灣風景紹介誌》（臺北
　　州：臺灣風景紹介誌發行所，1935年9月20日）。

　　明治三十四年（1901）十一月柑仔瀨庄隸屬於基隆廳，編入第三
區。明治三十八年（1905）七月第三區改名「瑞芳庄」，大正九年
（1920）該庄改制為「柑子瀨」大字，隸屬於臺北州基隆郡瑞芳街，
大字下有「柑子瀨」、「苧子潭」小字名[27]。戰後瑞芳街改制為瑞芳
鎮，隸屬於臺北縣，大字亦改制為里。臺灣光復後，民國三十五年
（1946）柑仔瀨改為柑坪里。

26　同前前註，頁21。
27　臺灣日日新報社編輯：《新舊對照管轄便覽》（臺北州：臺灣日日新報社，1921年
　　〔大正十年〕）。

表 4-1　柑仔瀨沿革一覽表

清代末葉		日據時代（大正九年）			光復後 民國35年	
街庄名	土地名	街庄名	大字	小字	鄉鎮區名	村里名
柑仔瀨庄	柑仔瀨 苧仔潭	瑞芳庄（街）	柑仔瀨	與清代末年土地名所載資料相同	瑞芳鎮 隸屬於臺北縣	柑坪里

柑仔瀨沿革一覽表由本研究彙整。
資料來源：洪敏麟等編：《臺灣堡圖集》，頁35、41、42。

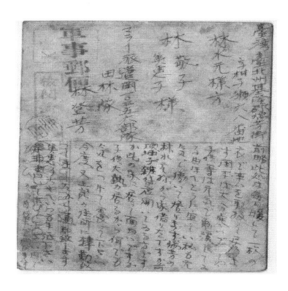

圖4-3　昭和十六至二十年間之名信片

臺灣臺北州基隆郡瑞芳街字柑子瀨，與上表資料符合，柑仔瀨又名柑子瀨。
資料來源：「文清的瑞芳札記」，參見網址：https://blog.xuite.net/rueifang.
wenhnlin/sweethome/153262118。錄取時間：2022年2月3日。

五　柑仔瀨的交通

　　柑仔瀨除開發時間較早外，當地便利的交通也是一大優勢，因為是陸路自雞籠經八堵、四腳亭、瑞芳、三貂山地的重要交通幹線，柑仔瀨即為三貂山區與基隆河谷交界的山口，一直是淡蘭古道的中站，可見其位置的關鍵性。

　　經濟與交通成正比，交通帶動經濟的繁榮，前往九份金瓜石採金必先經由柑仔瀨（柑坪里），因為交通位置重要，所以也成為兵家必爭之地。

（一）水運

　　基隆河是柑仔瀨生命之源，基隆河的交通一度帶動柑仔瀨的經濟繁榮。

1　舢舨船

> 林永發說：「幼時，我的居家是位於母校的對面山上，兩地受基隆河隔開，河上無水泥橋，兩岸居民交通，唯靠舢舨過渡」。[28]

舢舨船為平底的木船，它經不起大風大浪的環境，舢舨船的往返就在渡船頭（棒球場）與忠仁廟之間。

---

28 李鳳英執行編輯：《瑞芳國小創校百週年校慶特刊》（臺北縣：瑞芳國民小學，2000年），頁94。

圖4-4　舢舨船

資料來源：舢舨船http://tamsui.dils.tku.edu.tw/wiki/index.php/%E6%B7%A1%
E6%B0%B4%E8%88%A2%E8%88%A8%E8%88%B9。

錄取時間：2022年3月13日。

經賴金針與許勇雄指認，他們小時候都曾搭乘過舢舨船，船與上圖十
分類似，比較特殊的是，以繩索穿過船身的圈扣，固定在岸邊兩端，
船夫以手拉繩索渡河，不是用划的。林永發出生於大正十三年
（1924），九歲入公學校，他說：

> 中秋過後，雨季綿長，一遇河水上漲水流湍急，舢舨難行。降
> 雨綿長時期，基隆河水漲至警戒線上，水流川急渡船難行，此
> 刻就再步行約三公里路程。[29]

一河之隔，若無船渡，交通不便非常耗時，此刻人無法勝天，只能聽
天由命。

29　同註28，頁95。

2 紅頭船

　　百年前可遇見當時在基隆河的行舟，小木船可直駛至柑仔瀨。根據《臺北廳誌》之說：

> 基隆河，自淡水河的合流點關渡，經錫口，水返腳，暖暖各街，經瑞芳至八里之間，可通行載重二十石的船隻。[30]

以前淡水河上航行著一種木造貨船名為紅頭船，俗稱為「紅頭仔」又名「澎仔船」，平底、沒有龍骨，只有「船拱」（橫骨），屬於典型的河川船，瑞芳指的就是柑仔瀨。

> 柑仔瀨船仔頭基隆河的水深至少二、三個竹竿那麼深，時常有船來來去去[31]

可見當時船運，是可通航，以吃水較淺的小船轉運，逆水行舟，以竿撐船。當年船隻開進瑞芳船仔頭的時候，還必須僱工人沿河道撿拾障礙的石頭，好讓船隻順利進港。[32]由以上的史料觀之，乾隆年間從艋舺沿基隆河北上，河岸逐漸有錫口、南港、水返腳、暖暖等聚落形成，水運終點在柑仔瀨一地，船仔頭的渡船，即是歷史的見證。

---

30 胡清正、陳存良等譯：《臺北廳誌》，頁276。
31 許勇雄訪談稿。
32 李欽賢：《礦夫畫夢　蔣瑞坑》，頁14。

圖4-5　船仔頭的位置

圖4-6　倪蔣懷畫瑞芳渡船口（船仔頭）

資料來源：白雪蘭，《礦城‧麗島‧倪蔣懷》，頁13。圖中階梯，是船仔頭進出的地方，河面有一收帆的帆船靠岸，畫作中的電線桿，可知當年民生用電已延伸到柑仔瀨。

　　因基隆河上游有瑞芳礦區金礦、煤礦之挖掘，林地面積日減，水源未能涵養，以致山洪時起爆發，砂石順流而下，河床因之淤淺，基隆河變成淺灘連連，柑仔瀨庄的碼頭及渡口（渡船頭就是在棒球場這邊，有船到對岸忠仁廟那邊，然後在棒球場這邊沿基隆河南下，至柑仔瀨無住家段即是船仔頭所在），因石礫滿滿的淺灘，舢舨船、紅頭船便從此在人們的生活中消失。

　　天然的港灣與河口是初墾聚落的最佳選擇，良好的地勢與位置，使柑仔瀨庄成為瑞芳最早開發的一帶，乾隆期間漢人移民開墾時，大多沿著基隆河邊或其支流附近發展，在河岸的狹長平地，開圳成田而為村莊。柑仔瀨處於地利之便，往來旅客薈集，因商業機能而形成街肆。

圖4-7　六崁仔貨物集散的倉庫

　　從船仔頭船上的貨物卸貨後，便集中在六崁仔此倉庫，即貨物的集散地，現在已變成民家。[33]想當初此地人來人往絡繹不絕，如今卻門羅可雀，白雲蒼狗，真是人生萬事無不有。

33　劉阿川訪談稿。

（二）流籠

　　因礦業關係，在交通方面，對於礦山所需機器之運輸，開山初期雖需用苦力搬運，惟路線一通，次則迅速架設空中索道、建高塔、拉鋼索上裝纜車，亦即臺人所稱之「流籠」。[34]這段流籠路是昔日九份通往瑞芳的輕便臺車路的其中一段。輕便車是日治時期以人力推動臺車在鐵軌行進的一種交通工具，由於山勢較陡，人力難以負荷，輕便臺車運載貨物或人員上坡運行，於是採用流籠索道的方式，在山上的流籠頭設置控制電動絞盤，以鐵索鉤在輕便鐵軌上的臺車牽引上下。所以這段輕便車道路，就被稱為「流籠路」（琉瑯路）。大正九年（1920）後，輕便車路仍繼續發揮小區域的運輸功能。此時九份、金瓜石採金已相當熱絡，唯尚無輕便鐵軌及公路可通達，仍靠流籠索道及人力運送物資，流籠的起頭稱流籠頭，終點稱流籠腳，流籠腳則是在瑞芳往九份的汽車路上剛過猴硐岔路時，路右邊是柑仔瀨的流籠腳土地公廟，那裡是山腳和平地交會處，輕便車可以用人力推動，所以流籠終點在此，「流籠腳」因此得名。[35]

　　光緒二十一年（1895）十月日本政府在瑞芳設置「砂金署」，昭和六年（1931）瑞芳至金瓜石輕便鐵路通車。此路線除運煤外同時也提供載客載貨營運。[36]龍潭堵到金瓜石必經柑仔瀨，昭和十年（1935）瑞芳至九份通車（即指可通行汽車之道路）[37]後，柑仔瀨經濟發展更加迅速。

34　唐羽：《基隆顏家發展史》，頁347。

35　周章淋編撰：《黑金的故鄉：猴硐》，頁18。

36　同註35，頁17。

37　同註35，頁24。

（三）開路

煠仔寮西南通往瑞芳店（柑仔瀨），一路荒徑，蟲蛇出沒，令行人懾懼。明治四十年（1907）九月，顏雲年復與瑞芳庄長呂九以及郭貴、郭查某、陳賢、劉尚並與日人藤田幸次郎、山田市藏、稻垣利助等出資，共鑿煠仔寮通往柑仔瀨之道路，使瑞芳店與沿海的交通，獲得改善，此條道路至今仍在使用。

昭和四年（1929），顏雲年主持事業時，另由柑仔瀨開築延伸路線，由瑞芳（原瑞芳店）旁舊路南面登白匏湖嶺，過大竿林，入九份，再鑿隧道基隆山抵金瓜石，長3.7哩。[38]以柑仔瀨為中心開闢新路，使柑仔瀨的氣勢如日中天。

淡蘭古道是平埔族凱達格蘭人狩獵山徑，乾隆期間，漢人初到三貂社（今貢寮鄉）墾殖時，已有平埔族白蘭等人開闢經楓仔瀨、柑子瀨苧仔潭到頂雙溪的山路。咸豐六年（1856）林平侯之子林國華繼承父志，再闢由雞籠（基隆）經柑子瀨、九芎橋到達雙溪的新路，並重新整修舊路，於是過往商旅增多。[39]開路的經濟效益佳，腹地增廣，這對柑仔瀨而言，人流物流更加順暢。

（四）吊橋

柑仔瀨隔著基隆河與三爪子坑相望，光復後興建吊橋相互溝通，吊橋是小朋友的最愛，也是觀光景點。隨著經濟的發展，吊橋已不符交通利益，因此在地居民向政府陳情改建水泥橋，方便汽機車的通行，於民國七十七年（1988）柑仔瀨吊橋被拆，圓山橋取而代之。

---

38 唐羽：《基隆顏家發展史》，頁347-349。
39 周章淋編撰：《黑金的故鄉：猴硐》，頁34。

圖4-8　圓山橋　　　　　　圖4-9　圓山橋建於民國七十七年
　　　　　　　　　　　　　　　　　　（1988）

圖4-10　圓山橋全貌

圖4-11　圓山橋的前身是柑仔瀨吊橋

瑞芳國中學生鄉土教育到柑仔瀨吊橋，女學生制服為白衣黑裙。

圖4-12　柑仔瀨吊橋全貌

柑仔瀨吊橋建於臺灣光復後。資料來源：洪秋雲提供。

（五）天然石頭橋

　　柑仔瀨冬天雨水甚多是基隆河的豐水期，流水湯湯奔流而下，但在夏天若無颱風雨，河床裸露，是為枯水期，大致在渡船頭的位置，居民將石頭鋪成石頭橋，很方便涉水而過到對岸。

圖4-13　基隆河枯水時期

枯水時期，由圖可見涉水到對岸並不困難。

圖4-14　基隆河豐水時期

豐水時期，由圖可見水量豐沛，無法涉水到對岸。

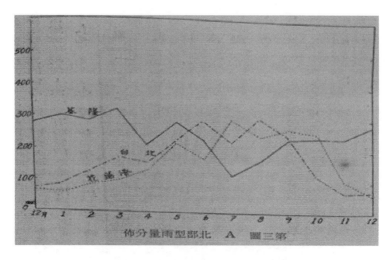

圖4-15　臺灣北部雨量分布圖

資料來源：臺灣省鑛業研究會編：《臺灣鑛業史》，頁18。

由此圖可知若無颱風，七、八月降雨最少，河床裸露，才可搭石頭橋。

　　另一座天然石橋在船仔頭下方。石頭堅固不搖晃，走在石頭上，算是便利的，只怕小朋友到此嬉戲容易發生意外，且上游山洪暴發，下游會脫逃不及，釀成悲劇。隨著交通的進步，現在甚少有人利用石橋到對岸。

圖4-16　船仔頭下方的天然石橋

圖4-17　颱風過後，洪水淹沒天然石橋

（六）陸橋

1　第六號橋

　　有溪流就有橋，昭和九年（1934）已在柑仔瀨的坑谷修第六號橋，長5.2M、寬5M、高3.8M 永久式混泥土板橋[40]。此第六號橋在當年是連接柑仔瀨最繁榮的市集，現況是變身為柑坪陸橋，並非金瓜石的六號橋，昭和九年（1934）不論是金九或猴硐煤產開採正盛，這座橋剛好處於這三地（金九、臺北基隆、猴硐）的交會點，所以必須有堅固之橋對三邊交通。

表 4-2　縣一○二號道路沿線橋樑修築情況

橋名	位置	橋身	創建時間	建造工程別
龍潭橋	深澳坑溪上	長：8.90M 寬：3.50M 高：2.00M	大正3年 （1914年）	永久式混凝土板橋
龍潭堵陸橋	龍山里	長：10.70M 寬：5.80M 高：1.80M	昭和9年 （1934年）	永久式混凝土板橋
第六號橋	**柑坪里坑谷**	**長：5.20M** **寬：5.00M** **高：3.80M**	**昭和9年** **（1934年）**	**永久式混凝土板橋**
大竿林橋	九份坑谷	長：16.80M 寬：4.20M 高：9.50M	昭和9年 （1934年）	永久式混凝土板橋

---

40 盛清沂：《臺北縣志‧卷二十四‧交通志》（臺北縣：臺北縣文獻委員會，1960年），頁4695。

橋名	位置	橋身	創建時間	建造工程別
金瓜石橋	金瓜石坑谷	長：11.20M 寬：5.50M 高：17.30M	昭和9年 （1934年）	永久式混凝土板橋
九份橋	九份坑谷	長：16.80M 寬：4.20M 高：9.30M	民國40年 （1951年）	木橋〈原為箱型暗渠〉

資料來源：盛清沂總纂：《臺北縣志・卷二十四・交通志》，頁4695。

圖4-18　位於柑仔瀨坑谷的第六號橋

光復後有重修過，橋頭碑文隱約可見柑坪二字。

圖4-19　已擴建的第六號橋

第六號橋上的修築時間已模糊，無法辨識。

2　瑞柑陸橋

　　因瑞柑陸橋的興建，引發蝴蝶效應（Butterfly effect），是在一個建橋的小工程中，初始條件的微小變化，可是卻能影響柑仔瀨長期且巨大的連鎖反應，屋拆人走，此交通建設對當地並無貢獻。

　　大約在民國四十年（1951）發生重大車禍，一輛滿載歌仔戲團的卡車撞上火車，死傷慘重，不久又遇上卡車撞火車事件，後來鐵路局派人顧路門（守平交道），民間請法師祭煞並立石碑一座，刻字阿彌陀佛，之後果真平安無事，不料卻被酒駕人士開車撞歪阿彌陀佛碑的石座，未幾又發生二次汽車被火車撞上的慘劇，一次死六人，另一次死二人，鑒於車禍頻乃，於是省議員李儒侯爭取建立柑坪里立體交叉陸橋，因此政府拆屋建陸橋，當年也沒有強而有力的人士為柑仔瀨人民陳情，僅以十分微薄的補貼強制拆屋，誰願意離開熟悉的家園？柑仔瀨最精華地段消失，使柑仔瀨更加蕭瑟。許勇雄說：

如果李建和在，屋子就不會被拆了，因為要到九份、金瓜石、
猴硐的路，又不是只有這一條，如果李建和在，會從瑞芳國中
那邊開路，會保留柑坪里社區，那時候老百姓也很聽話，補償
費也不高，政府說拆屋就搬遷，地方頭人也沒聽說阻止，所以
柑坪里就變成這樣了。[41]

李家企業是臺灣煤礦鉅子，又因瑞芳事件，懷山煤礦被波及，有礦工
被日本人虐殺，因此李建和與柑仔瀨的礦工多了一份革命情感。李建
和（1911-1971）相當關心礦工生活，所以與瑞芳瑞義社好交情，在
許勇雄口述中悠悠懷念李建和對柑仔瀨（柑坪里）的愛戴。

　　瑞柑陸橋約在民國六十八年（1979）修築完成，瑞柑陸橋位在一
〇二市道瑞金公路上，因要建此陸橋而拆許多房舍，所以人口大量外
移，從此內瑞芳（柑仔瀨）更加沒落。[42]瑞柑陸橋下埋沒沉公伯的建
廟紀念碑文、許彩秀家的兩口井，也埋沒柑仔瀨的繁榮盛景。

圖4-20　柑仔瀨原來的街景
為建陸橋而拆除柑仔瀨精華區。資料來源：周翠霞提供。

---

41 許勇雄訪談稿。
42 賴金針、許勇雄訪談稿。

圖4-21　昔日柑仔瀨街道房舍的街景

資料來源：沈新芸提供。

圖4-22　蔣瑞坑畫柑仔瀨街景

右下角為古井仔頭。資料來源：賴盛雄提供。

圖4-23　瑞柑陸橋樣貌

為建陸橋，約於民國六十六年（1977）拆除橋兩邊民房，民國六十八年
（1979）陸橋完成通車。

圖4-24　瑞柑陸橋

因興建瑞柑陸橋，造成人口大量外移。

　　金礦、煤礦收坑後，謀生不易，拆屋建橋，使柑仔瀨雪上加霜，人口大量流失，是壓垮柑仔瀨的最後一根稻草。也許是風水輪流轉，昔日柑仔瀨風光，今日換成龍潭堵得意，然而世界真奇妙，柑仔瀨的意外景象，令人嘖嘖稱奇。

圖4-25　迷途的大貨櫃車

民國一一一年（2022）三月，一輛大貨櫃車因路線錯誤，想要迴轉，無法成功，卻阻斷瑞柑陸橋的進出，如此畫面十分罕見。

圖4-26　路霸大貨櫃車

一字排開，金九與北基交通中斷。

（七）無緣的火車站

> 內瑞芳瑞福宮後面有一塊種菜的地方，當年是礦務局宿舍，已經被拆了，那麼在工寮上面有一大片的日本宿舍，洪瑞麟就住在那個宿舍裡面，現在也都改變了，看不到原來的宿舍樣子。原本鐵路局是有規劃在柑仔瀨設車站，所以六崁仔那邊變電所左邊都是鐵路局的地，變電所的右邊是公路局的地，所以想當年柑仔瀨是多麼搶手，可是後來因為李建和要發展外瑞芳，計畫改變，所以公路局鐵路局的地就開始放手了，公路局宿舍也賣給民家了。[43]

原本繁華的柑仔瀨因上級計畫的改變，使柑仔瀨漸漸由盛轉衰，六崁仔是柑仔瀨的發源地，經濟最繁榮，後因公路開通，公路局的站牌在古井仔頭，以古井仔頭為界，前面的街道叫前街，後來成為柑仔瀨最精華區，吳阿亨、徐準成這兩位柑仔瀨富豪都住在前街，劉進福、林松義、許茹芸住在後街。同樣盛產煤礦的猴硐、平溪、雙溪、外瑞芳都有火車站，唯獨柑仔瀨少了火車站，經濟要強盛，先決條件是交通建設要完整，柑仔瀨處於劣勢，要拚經濟，難上加難。

（八）輕便車道

臺陽礦業株式會社「瑞芳礦山專用線」有二：

1　基隆輕鐵三爪子線

此線共長9.2哩（約14.7公里），基隆輕鐵三爪子線自基隆起站，沿途經田寮港、圓窗嶺、深澳坑、龍潭堵、瑞芳（柑子瀨）、九芎

---

43 韋家添訪談稿。

橋，終點站是瑞芳鎮的三爪子。不但是煤礦運輸到基隆的第一條交通線，也成為瑞芳鎮與基隆間密切聯繫的重要路線。其興建的時間是在大正元年（1912）二月，乃顏雲年與日人木村久太郎、近江時五郎等人商議，由眾人共同集資二十萬元設立「基隆輕便鐵道株式會社」，並於同年十一月完成三爪子線軌道，同月三十日開始客貨運業務。[44]

2 瑞芳輕鐵金瓜石線

這條鐵道是由顏國年成立的「瑞芳輕鐵株式會社」鋪設，全長3.7哩（約6公里），為金瓜石與瑞芳（柑仔瀨）之間的聯絡通道，昭和六年（1931）十一月完工。此條鐵道完成不久後就由「基隆輕鐵」（基隆輕便鐵道株式會社）合併經營，不過瑞芳輕鐵金瓜石線已在民國四十六年（1957）面臨拆除的命運。[45]

交通革命，日新月異，輕軌當初的設計主要是配合煤礦的運輸，當煤礦封坑，輕軌也隨之退場，取而代之的是更方便人車通行的大道。

（九）交通現況

臺鐵宜蘭線經過柑子瀨地區，境內並未設站，東側最近的是猴硐車站，屬三等站，西側最近的是瑞芳車站，屬一等站，各種列車經柑仔瀨呼嘯而過。而一〇二市道經過本地區西部及中北部，往東可前往雙溪、金九，往西可前往瑞芳市區、基隆、臺北。光復後，公共汽車開始發展，輕便車被淘汰，民國四十一年（1952）臺北汽車客運開始行駛於瑞金公路，有車掌小姐隨車賣票驗票，公路局員工宿舍就在柑仔瀨的六崁仔，後來臺汽因虧損轉由基隆客運經營至今，完成客運業

---

44 王志鴻：〈瑞芳歷史散步——礦業之鄉的導覽貳之貳〉，《北縣文化》第54期，頁61。
45 同前註，頁61。

務民營化，隨著金九觀光業的發達，臺北客運公司也加入這條熱門的黃金路線。

孟郊：「春風得意馬蹄疾，一日看盡長安花。」春風裏馬蹄飛馳好愜意，若無馬這等交通工具，掃了興也無法賞盡長安花，這也說明交通的重要性，昔時柑仔瀨水運與各項陸運皆備，所以經濟繁榮，但是跟不上時代的腳步，連最基本的火車站都沒有，遑論其他，只能說像登科後卻又落榜，那種恍惚莫名的感覺，著實令人徒呼負負。

第二節　柑仔瀨的產業

柑仔瀨的經濟由繁華到沒落，礦業與交通是關鍵因素，雖說交通帶動經濟的繁榮，但柑仔瀨的興衰，成也交通敗也交通。柑仔瀨早期經濟發展因交通而繁華，現況則因交通規畫而沒落，隨著礦業的蕭條，更是屋漏偏逢連夜雨。

一　礦業

（一）砂金

清光緒年間，基隆河砂金的出現，揭開臺灣淘金的序幕。

> 光緒十三年（1887）六月，由臺北築路起，至十六年（1890）夏，築路至七堵而造鐵橋，同伴於偶然之洗碗中發現河中黑砂如舊金山所見，出現金苗。消息外揚，除築路工人之外，淘金客聚集而來，上游因水流較淺，直向八堵、暖暖、碇內、四腳亭、楓仔瀨，入鰱魚坑，復越溪洲溯源龍潭堵至柑仔瀨。[46]

---

46 唐羽：《基隆顏家發展史》，頁113。

砂金消息不脛而走，基隆河一帶便聚集大量淘金者，且淘金範圍延展
至現今三貂嶺山麓，清政府並未嚴加管制，任憑淘金者自由挖掘、淘
洗與交易，及至淘金人潮愈聚愈多，龍蛇雜處而糾紛日起，因此瑞芳
礦業大規模開發與興起乃始於清光緒年間。[47]

　　光緒十六年（1890）基隆河發現砂金，溯溪而上至大小粗坑大竿
林，砂金隨著野溪流入基隆河，柑仔瀨在其中河段，光緒十七年
（1891）基隆廳知事黎景嵩建議臺灣巡撫沈應奎在瑞芳開設金砂抽釐
局，一日一人付釐銀二十錢，定為徵收之章程，此即俞明震在《臺灣
八日記》所提的金砂局，也就是瑞芳金砂局，當時該村落不過三，四
十戶。[48]光緒十八年（1892）清廷於基隆廳設立金砂總局，其中在瑞
芳設立分局。[49]清朝時所指的瑞芳即是柑仔瀨。

　　《諸羅縣志》所引〈外紀〉云：

> 康熙壬戌間，鄭氏遣偽官陳廷輝，往淡水、雞籠采金。老番
> 云：「唐人必有大故。」詰之，曰：「初日本居臺來采金，紅毛
> 奪之；紅毛來取，鄭氏奪之。今又來取，恐有改姓易王之
> 事。」此一寓言式之讖語，意在告知世人之不可貪利，尤以採
> 金為不祥之事，國家將有大禍發生。

時人丘逢甲於抗拒日本失敗後，逃往中國，則賦一詩云：

> 雞籠山上陳雲陰，辛苦披沙一水深；
> 寶藏尚存三易主，人間真有不祥金。[50]

---

47 亞弦：《散文的創造》（上）（臺北市：聯經出版社，1994年），頁28。

48 張健豐：《東武天皇戰死：探訪能久親王遺跡》，頁35。

49 楊蓮福總編輯，闞正宗編譯：《甲午戰爭‧臺灣篇》，頁246。

50 唐羽：《基隆顏家發展史》，頁119。

果真江山易主，掏金者仍至死不渝。砂金的發現，掀起一股掏金熱，人數可多到二、三千人，使柑仔瀨這個小鎮，迅速發展成為一個市街，當掏金潮逐漸散去之際，緊接而來的是煤礦，懷山煤礦與中和煤礦，再度掀起人潮的最高峰。

甲午戰敗，臺灣被割讓給日本，金砂局業務全部停頓。明治二十九年（1896）九月頒布實施「臺灣礦業規則」，准許一般礦業之開採，藤田組取得礦權後，以炸藥開礦，臺人因不諳鑿孔、炸岩、採脈、支柱等技術，故僅能從事淘洗金砂、洞內外搬運礦砂或雜役工作。翻譯員顏雲年，承包小粗坑礦權，開始砂金之採收。[51]日本領臺後，利用艋舺人蔡達卿，查報前金砂局舊制，仿清舊制設砂金署於瑞芳店（柑仔瀨），位置在瑞芳二坑前面（今柑坪里鐵路邊）。[52]明治二十九年（1896），瑞芳店之憲兵隊與警察分署[53]在清代金砂局附近，時已改稱為金砂署。[54]

俗語的留存記錄，往往能真切呈現人民生活的多元樣貌，柑仔瀨昔日因礦產的挖掘而繁華一時，今日卻也因礦產的枯竭而日趨沒落。

　　　黃金是土地公錢。

金礦埋藏在地底下，是屬於土地公所管轄，要挖掘金礦，必須仰賴土地公的庇佑，沒有那份福氣，即使再努力也無法得到金礦。[55]黃金與

---

51 陳慈玉等撰述：《續修臺北縣志・第四篇・礦業・第五篇工業、第六篇商業》（臺北縣：臺北縣政府，2007年），頁52-53。

52 唐羽：《基隆顏家發展史》，頁129。

53 瑞芳警察官吏派出所設柑仔瀨庄，胡清正，陳存良等譯：《臺北廳誌》，頁161。

54 同前前註，頁133。

55 許俊雅、洪惟仁撰述：《續修臺北縣志・卷九・藝文志・第三篇・文學》，頁107。

煤炭、殘疾與死亡（意外、矽肺病）[56]，似乎與這礦山成為密不可分的一部分，共同交織著柑仔瀨光輝卻也充滿心酸的一頁[57]。

由於社會變遷、人文異動，當砂金遞減、人工昂貴、波波淘金熱逐漸過氣後，在現實生活的衝擊下，人們出走遠離他遷，去投入更容易討生活的擾擾紅塵。

（二）煤礦

十九、二十世紀時，煤炭是工業燃料和交通工具的原動力，亦為家庭炊事所必須的，但在近代以前，人們大多伐木為薪，雖然十七世紀西班牙人和荷蘭人佔領臺灣期間，曾經採得粗煤，卻主要用於煉鐵器和出口貿易，臺灣仍因龍脈之說而大多屬封山狀態，故雖有挖掘煤炭的現象，仍為數不多，同治二年（1863），正式開放雞籠（基隆），乃能公開販賣和輸出煤炭，數年間煤炭年產量達六千噸以上，完全是民間開採的[58]。開採法仍為傳統的「狸掘法」，自煤層露頭鑿穿僅能容身的小坑，沿著煤層採掘，雖然亦有寬度相若之穿坑道，但當坑道延長需要支柱、或遭水湧、或通風欠佳時，即棄之而另尋其他露頭開採。直至光緒二年（1876）使用英制採煤機，煤礦業始步入現代化之道[59]。蔣瑞坑說：懷山煤礦屬相當進步的的礦區，任何近代化的器材和設備，概無匱乏，很早就有電氣化設備，採礦技術已進入斜坑時代。[60]明治二十九年（1896）准許一般人民申請開採，成長之所以遲

---

56 矽肺病屬於塵肺病（Pneumoconiosis）的一種，罹患矽肺病的主因，多來自於工作場域的影響。礦工在鑽挖煤礦時，二氧化矽（Silica）飄散在空氣中。人體吸入後，無法正常代謝，只能沉積在呼吸道與肺部，產生疤痕造成纖維化，就像肺部蒙上一層薄薄的細沙，所以又稱沙肺，但矽肺病非傳染病。

57 同前前註，頁117。

58 陳慈玉等撰述：《續修臺北縣志・第四篇・礦業・第五篇・工業・第六・商業》，頁3。

59 同前註，頁4。

60 李欽賢：《礦夫畫夢：蔣瑞坑》，頁86-87。

　緩，與當時礦業經營者的素質、殖民地政府政策和礦業技術有關[61]，小礦區林立、運輸交通的欠缺，在縱貫鐵路完成之後，沿線產業發達，新式糖廠的勃興和製紙、煉瓦等工廠改用粉碳，增加煤炭的需求市場，甚至發生供不應求的現象[62]，所以價格高漲，使得採礦業者趨之若鶩。

圖4-27　倪侯太

懷山煤礦大家長倪侯太，為人寬厚，就讀東京藤原工業大學，因經營家業而中輟。資料來源：李欽賢：《礦夫畫夢　蔣瑞坑》，頁148。

1　懷山煤礦

　　懷山煤礦股份有限公司礦址位在新北市瑞芳區柑坪里，煤層為中新生代中部系統，稍有變化，可開採最上層，厚度0.35m 和本層厚度0.8m 的普通燃料煤。懷山煤礦礦區號碼礦業字第1299號，臺濟採字第2245號。礦區面積155公頃87公畝44公厘。從瑞芳車站西側的龍川里，東至柑坪里，以北到焿子寮海邊的這一大片區域，大正年間即由顏雲年與木村久太郎經營久年炭礦，顏雲年及三井財閥在大正七年

61 陳慈玉等撰述：《續修臺北縣志・第四篇・礦業・第五篇工業・第六篇商業》，頁4。
62 同前註，頁7。

（1918）三月合資成立基隆炭礦株式會社，將此礦作價納入會社，基隆炭礦株式會社於昭和二年（1927）七月，在原來已有良好業績的久年坑為中心，西側開瑞芳一坑，昭和十二年（1937）二月再於東側舊瑞芳[63]以瑞芳二坑名義開坑。

表 4-3　懷山煤礦成分分析表

水洗屑	原屑	塊煤	煤種／成分
41.39	39.35	43.59	揮發分
44.53	43.09	46.45	固定炭
9.18	13.19	4.85	灰分
6.936	6.489	7.236	發熱量
2.47	2.75		硫礦分
1.0	1.0		粘結度
			其他

資料來源：臺灣省礦業研究會編：《臺灣礦業史》，頁822。

---

63 舊瑞芳就是內瑞芳，也是柑仔瀨、柑坪里。

民國三十五年（1946）四月光復後本礦由工礦公司接管，倪侯太以瑞芳二坑名義包採，至民國四十年（1951）再向工礦公司購買礦業權和所有設備。民國四十七年（1958）改組成立公司組織，設立懷山煤礦股份有限公司經營，在五〇年代懷山煤礦主要礦坑有：主斜坑一坑、又斜坑一坑、再又斜坑一坑，以及斜昇二昇，經坑口直接降煤至專用鐵路旁邊的儲煤場，短短路程約0.3km。[64]

民國五十一年（1962）生產實績67359公噸，民國五十二年（1963）生產實績66779公噸，民國五十三年（1964）生產實績68329公噸，[65]開採量相當大，直至民國七十五年（1986）收坑。

懷山煤礦位於今日瑞芳公園，另有永和煤礦，一個小鄉鎮有二個礦坑，一時就業機會多，冠蓋雲集，人口眾多，因為有金礦煤礦產業與礦工的注入，地方開始發展具有歷史、文化、藝術價值的活動，如早期由懷山煤礦和中和煤礦的礦工組成約四十人左右的瑞芳瑞義社，在當地廟宇表演陣頭，向神明祈求平安。隨著礦坑收坑，人口外移與工作不穩定之因素，瑞芳瑞義社已成明日黃花，留待後人追憶。

瑞芳公園上一條緩坡道路一帶，有機房、事務所、福利社、臺車停放處及員工宿舍，礦產歇業後隨即全部被拆除，乾乾淨淨。

---

64 臺灣省鑛業研究會編：《臺灣鑛業史》，頁822。

65 同前註，頁824。

圖4-28　瑞芳二坑（懷山煤礦）

右三洪瑞麟，左三蔣瑞坑，攝於坑前。

資料來源：正因文化編輯部：《礦之畫家的傳奇　蔣瑞坑2》（臺北市：正因
文化，2003年），頁7。

圖4-29　懷山煤礦的儲煤場

圖左紅色建築為昔日懷山煤礦的儲煤場，圖右白色建築為瑞芳瑞義社。
資料來源：廖銘儀提供。

圖4-30　懷山煤礦事務所

位於瑞芳公園機車路考考場附近，左一為蔣瑞坑。

資料來源：李欽賢：《礦夫畫夢　蔣瑞坑》，頁149。

圖4-31　洪瑞麟畫土堆仔尾

採礦後的廢土，在山頭堆積。資料來源：蔣勳：《臺灣美術全集12：洪瑞
麟》（臺北市：藝術家出版，1993年），頁94。

圖4-32　蔣瑞坑作品：懷山煤礦

資料來源：正因文化編輯部：《礦之畫家的傳奇　蔣瑞坑2》，頁56。

圖4-33　懷山煤礦一隅

資料來源：江衍疇：《礦工・太陽・洪瑞麟》（臺北市：雄獅美術，1998
　　　　　年），頁104。

圖4-34　懷山煤礦枕木場

主要是放枕木的地方。資料來源：江衍疇：《礦工・太陽・洪瑞麟》，頁105。

2　中和煤礦

中和煤礦礦址位在新北市瑞芳區柑坪里，由洪天水經營，礦區面積約89公頃29公畝處，礦權屬於中和煤礦股份有限公司，礦區號碼為礦業字第一二九七號，臺濟採字第二五一七號。中和煤礦煤層為中新生代中部系統，含煤帶頗有變化，主要開採最下層厚度0.35m 的普通燃料煤。民國四十一年（1952）九月開鑿本層斜坑，民國四十四年（1955）本層採收完畢。民國四十六年（1957）三月開鑿最下層斜坑，民國五十一年（1962）九月將合夥組織改為股份有限公司。五〇年代的中和煤礦主要有主斜坑一坑、又斜坑一坑、再又斜坑一坑開採。礦場至瑞芳車站一公里路程，使用臺車降煤抵達，民國五十一年（1962）生產實績21490公噸[66]，民國五十二年（1963）生產實績17456公噸，民國五十三年（1964）生產實績20033公噸，開採至民國七十五年（1986）收坑。

---

66 臺灣省礦業研究會編：《臺灣礦業史》，頁822。

表 4-4　中和煤礦成分分析表

原屑	塊煤	煤種／成分
36.37	44.08	揮發分
47.08	46.02	固定炭
12.70	6.65	灰分
6.590	7.448	發熱量
0.67		硫礦分
		粘結度
		其他

資料來源：臺灣省鑛業研究會編：《臺灣鑛業史》，頁824

　　洪天水在昭和六年（1931）開採基山煤礦，民國三十六年（1947）承購建業斜坑煤礦，民國四十一年（1952）一月開鑿吉慶里的永大煤礦下層斜坑，九月開鑿柑坪里的中和煤礦，在懷山煤礦的西側，民國五十年（1961）九月建業斜坑煤礦因為坑內出水，坑道淹沒而撤收。隔年九月，將合夥組織改為中和煤礦股份有限公司。

　　中和煤礦的煤車與卸煤通道，地點就在「船仔頭」的公路邊。用礦場運煤的推車，由工人推送到火車站旁的儲煤場，再用輸送帶裝火車。懷山煤礦則是由火車直接開到礦場下方收礦，用輸送帶直接裝入火車。

圖4-35　中和煤礦的的房管（卸煤通道）
隨著歲月日增雜草日長，已失去原來的風貌。

圖4-36　昔日中和煤礦的路門（入口）位置
圖中電線桿的位置，曾經是礦坑的大門，今已拆除。

圖4-37　中和煤礦工具房

中和煤礦礦工入坑前，會到圖中紅磚屋領取採煤相關工具。礦工領取頭燈及
電池後，會戴上水壺、便當、一氧化碳自救器，乘坐礦車進入坑，準備一天
的採煤作業。

聚落和產業有密切的關連，尤其是仰賴礦業謀生而興起的地區，
柑仔瀨曾聚集以採煤謀生的一群人、挖煤致富的一群人、自然生長在
這裡的一群人，因為有這群人，才使得柑仔瀨文化變得多元。有關礦
坑內的禁忌，並非全是迷信，反而有的很科學。

1　禁吹口哨

　　原因：會引起山神、土地公不悅或野鬼的糾纏，

　　實際效益：因為口哨會產生雜音，干擾說話，造成坑內的人必須
大聲喊話的情況，而一般人在坑內若大聲喊話，礦坑可能會因震動而
崩塌。

2　禁女人入坑

原因：因為坑內溫度很高，在坑內工作時，工人大多打赤膊或穿很少的衣服，女性也不例外。但是因為男女在一個狹小的空間裡一起工作，為避免礦工在坑中發生關係。另外，若是採金礦，女性礦工在出礦坑搜身時也會造成困擾。

實際效益：由於生理構造上的不同，女性在體力上與男性有明顯的差異，再加上女性必須生育，女人實在不宜在高溫的礦坑中工作。

3　禁提及蛇

原因：因為礦坑內或洞口出現蛇，坑主會認為是一種虎頭蛇尾的象徵，好像在告知一定挖不到礦產，甚至有可能會結束礦坑的挖掘，所以在礦坑內不准提及蛇。

實際效益：這種說法比較沒有科學依據，反而容易被有私心的人利用，以蛇騙坑主放棄，再向礦業公司承租挖礦謀利[67]，有點類似漢人以貓狗死屍放置凱達格蘭族人土地上，凱達格蘭人認定厄運即將到來而放棄土地。

煤炭業在臺灣退場，有很多的因素。如：

1　因礦產頻頻出狀況，礦工死傷慘重

民國七十三年（1984）真是礦工的災難年，當時行政院長是俞國華，六月二十日土城永寧村的海山煤礦發生災變，造成74人死亡。七月十二日瑞芳的煤山煤礦發生更為慘重的災變，共有101人罹難。十二月五日三峽的海山一坑煤礦發生災變，有92人喪生。這一連串的惡

---

67 鍾溫清總編：《瑞芳鎮誌・宗教禮俗篇》，頁72。

運，使原本在逐漸沒落中的臺灣煤礦業加速瓦解。

2　礦工的年齡層也在顯著老化衰退

年輕一代不願入坑採礦，形成青黃不接的窘境。

3　市場結構改變

民國五十八年至七十九年（1969-1990）臺煤的盛衰和市場的能源供需結構的改變，關係煤產業的產銷數量。臺灣電力公司的火力發電用煤，無法由臺煤充分供應，中國石油公司以優惠價格供應臺電燃料油，其價格甚至低於臺煤，煤礦業受到的衝擊很大。另一方面，政府的政策改變，政府決定不再核定煤價，改由產銷雙方議定。此政策使業者失去經營煤礦的信心，部分煤礦紛紛倒閉、減產。

黃金與黑金都是不可再生資源，當礦產採盡或不再生產時，也是人潮散去時。

二　農業

（一）農作

柑仔瀨氣候屬高溫多雨區，土壤沃度不佳，加上冬天東北季風強勁，地勢崎嶇，沖刷嚴重，一般農作栽培不易，僅在河岸階地才有較佳之生產量，農業產值偏低。大致包括：稻米、竹筍、柚子、桶柑、蔬菜、山藥等，其中山藥是柑仔瀨最具代表性的農產品。

平原之地除馬路房舍建築外，幾乎種植稻作，如今之棒球場，另往苧仔潭一帶的山坡地種植柑橘。柑仔瀨多山藥，品質佳。山藥多為野生，是地下球莖狀作物，最長有一公尺半，屬於高經濟作物，少有

病蟲害，而且對瑞芳地區土壤的適應範圍很廣。[68]

圖4-38　瑞芳公園內的野生山藥

瑞福宮後面的山坡地，原本野生的山藥很多，品質又好，可惜因開山路後
成步道，路過的內行人隨手摘採，現在數量已少很多了。[69]

隨著經濟的發展，懷山煤礦改建為瑞芳公園，山坡地被破壞，修建步
道，殃及生態，已是不可避免的，少數野生的山藥，又被路過的遊客
順勢摘走，尚存的山藥當然越來越少。

　　另在瑞柑國小附近有人家搭草寮利用山泉水蔭豆芽菜，那個地方
就叫做豆菜寮仔；柑仔瀨山區有許多樟樹，所以在瑞柑國小附近坑谷
如下圖，住有幾戶人家，那裏曾有樟腦寮製作樟腦。

68　鍾溫清總編：《瑞芳鎮誌・經濟篇》，頁6-7。
69　許勇雄訪談稿。

圖4-39　豆菜寮仔

昔時在此屋後面為製作豆菜（豆芽菜）之地。

圖4-40　樟腦寮

昔日柑仔瀨樟腦寮位置，這個窪地有幾戶人家，有樟腦寮，從事樟腦製作。

（二）養豬

豬肉是臺灣人很喜歡吃的肉類，需求量甚多，主要是委由婦女飼養，購買幼豬之後，以蔬菜、糟糠、廚餘等餵食，養到一百數十斤時，才賣給屠殺業者……扣除飼料費尚有若干的利益，所以飼養者眾，不用說普遍農家，連貧民若有住家者，一定飼養，少則二、三隻，多則十多隻。[70]

可見豬肉的需求量很高，養豬成為一般家庭的副業，直至工商業時代來臨，養豬業成為專業化經營，一般人家才停止飼養豬隻。

三　林業

柑仔瀨蓁芥蕪雜，山谷老林蒼翠，大正十年（1921）顏雲年為擴充經營兼及造林，集股成立瑞芳營林株式會社，始業是年冬十二月二十五日，設址臺北州基隆郡瑞芳庄柑仔瀨。其目的以「造林業、土地之開墾及買賣業、鑛山業、物品販售業，有關上述各項附帶事業列其範圍」。因此柑仔瀨伐木工人上山伐木。[71]

九芎是好木材，在柑仔瀨山區有很多，任人砍伐，多用在礦坑，運輸工人扛一百公斤木材到礦坑，搬運工薪資兩元，[72]窮鄉勞工薪資廉價，搬運工為餬口，有工作就好，也無人計較工資高低。九芎用途很廣，可以供薪炭材，樹幹提供礦坑支撐坑道或鐵軌枕木之用，在柑仔瀨煤礦業興盛時期，山坡地種植九芎面積頗廣，後來隨著礦業的沒落，林業也隨之衰微。[73]林業提供礦業之需，林業依附在礦業之下，

---

70 胡清正、陳存良等譯：《臺北廳誌》，頁215。

71 唐羽：《基隆顏家發展史》，頁305。

72 許勇雄訪談稿。

73 鍾溫清總編：《瑞芳鎮誌・經濟篇》，頁29。

唇亡齒寒，當礦業消失，林業自然也跟著消失。

四 工業

瑞芳公學校遷移，校地賣給鐵釘工廠，業主是上海人，於是柑仔瀨多了一種工業。但後因業主欲將上海資產裝船運至臺灣，途中船卻遭共產黨扣押，於是資金營運困難，鐵釘工廠只好關門大吉，[74]近年有瑞經工業，規模較大，其他工業多為小規模家庭式的輕工業。

五 商業

柑仔瀨最早有人定居是在六崁仔，就是有六間店，後因船仔頭地利，才有人在下店仔（瑞芳公學校地方）開店營業，柑仔瀨的商業，明燈路一段商機無限，熱鬧非凡，因要建瑞柑陸橋，商店街從中被破壞，店家幾乎全走，商業變得十分蕭條，鄉里子弟只好往外發展。

（一）徐登賢

出生：民國五十年（1961）

出生地：在瑞芳鎮新峰里蛇子形路

學經歷：瑞柑國小、中國文化大學夜間部企業管理學系畢業。民國八十二年（1993）在臺北白手起家，自行創業，成立東瑞電子股份有限公司，從事電子零件的代理。民國九十九年（2010）又轉投資生物科技產業發展，成立兆鴻生技股份有限公司，研究開發淡水蜆的保健產品，曾任瑞芳第六義消大隊大隊長、瑞芳義消顧問、瑞亭義消顧

---

74 韋家添訪談稿。

問、九份義消顧問，樂善好施，時常提供獎學金給瑞柑國小，對於地方事務不遺餘力，深獲好評。

　　成就：徐登賢於民國一〇一年（2012）東瑞電子關係企業——兆鴻生技產品「黃金蜆蛋白膠囊」獲得「SNQ 國家品質標章」的國家級認證。

圖4-41　SNQ國家品質標章頒獎典禮

前副總統吳敦義先生（左）與兆鴻生技公司董事長徐登賢先生（右）

資料來源：http://www.aeneas.com.tw/index.asp。錄取時間：2021年12月17日。

（二）賴盛雄

　　出生：昭和十八年（1943）

　　出生地：柑仔瀨

　　別名：莫力（（もり）

　　學經歷：瑞芳國小、雙溪初級中學。曾任瑞柑國小家長會長、內瑞芳瑞福宮主委、瑞經工業有限公司創辦人。早期經營與礦工有關的工具，如安全帽燈、電池與電池背包及其零件產品製造加工買賣，如標示用的鐵片牌子等生產。柑仔瀨礦業結束後再從事手套輕工業，兼

做內外銷，現在越南設廠，對地方事務，出錢出力，深獲鄉人愛戴，尤其對柑仔瀨文化甚有研究，善書法。

圖4-42　樂於助人的賴盛雄董事長　　　圖4-43　早年礦工照

礦工所戴安全燈帽為賴勝雄所經營公司生產的產品，右一是礦工胡乞。

（三）工商產業

表 4-5　柑仔瀨目前的工商產業一覽表

公司行號	服務項目	地址	負責人
米詩堤甜點王國有限公司	食品什貨、飲料零售業	新北市瑞芳區柑坪里明燈路1段6-1號	蔡威德
揚銘環保事業有限公司	除蟲	新北市瑞芳區柑坪里明燈路一段瑞柑新村24號	陳炳壕
久暘企業有限公司	成衣業、塑膠皮、布、板、管材製造業等。	新北市瑞芳區柑坪里明燈路一段瑞柑新村71號	林麗雪

公司行號	服務項目	地址	負責人
昶輝工程行	電纜安裝工程業、室內裝潢業等	新北市瑞芳區柑坪里明燈路一段瑞柑新村56號	潘明雄
瑞京實業有限公司	手套批發	新北市瑞芳區柑坪里明燈路1段39號	賴淳詳
弘利便利商店	零售業	新北市瑞芳區柑坪里明燈路1段173號	陳清課
阿拉拍奇早餐店	早餐店	新北市瑞芳區柑坪里明燈路1段171號	潘美娟
連利商店	零售業	新北市瑞芳區柑坪里明燈路1段201巷69號	龍永昇
士高有限公司	成衣批發業、祭祀用品批發業等各類批發。	新北市瑞芳區明燈路1段81號	周秋文
瑞經工業有限公司	一般棉紗及尼龍手套產品製造加工買賣。	新北市瑞芳區明燈路1段37號	賴盛雄
駿榮皮革股份有限公司	蛇皮皮包、皮帶與各種皮件皮飾之加工製造買賣及進出口業務等	新北市瑞芳區明燈路1段45巷1之1號1樓	陳俊賢
尚恆工程有限公司	機械設備、維修安裝及室內裝潢工程	新北市瑞芳區明燈路1段237號（1樓）	劉易宗
楓芝林有限公司	菸酒批發、茶葉批發等各類批發商品	新北市瑞芳區明燈路1段45巷1之4號	曾榮富
泳峰鋼鋁有限公司	門窗、採光罩	新北市瑞芳區明燈路1段45巷34號4樓	簡佑蒼
奇毅有限公司	廣告、建材批發	新北市瑞芳區明燈路1段45巷8號	謝宗志
丞鴻玻璃有限公司	玻璃及玻璃製品製造業	新北市瑞芳區明燈路1段45巷32之3號	簡家榮

公司行號	服務項目	地址	負責人
正廣企業有限公司	針織品紡織品布匹等之經銷及買賣業務等。	新北市瑞芳區明燈路1段48號	賴榮吉
詠葳有限公司	日常用品批發業等各類批發。	新北市瑞芳區明燈路1段45巷43之1號	周長潭
築蟻室內裝修設計有限公司	室內裝潢業等	新北市瑞芳區明燈路1段173號（1樓）	陳士涵
聰文商店	食品餐飲、食品、南北貨——零售	新北市瑞芳區柑坪里明燈路1段45巷61-3號一至二樓	張胡玉嬌
正彬工程行	電焊工程業、室內裝潢業等	新北市瑞芳區柑坪里明燈路一段73號	林正彬
王誠蔬果行	根、莖、葉菜類等蔬菜零售	新北市瑞芳區柑坪里明燈路一段152號	簡王誠

資料來源：由本研究收集匯編。

在柑仔瀨的店家多小而美，因篇幅限制，僅略舉為例，有些公司行號只是掛負責人名字，並無實際在柑仔瀨開店柑仔瀨店家，童叟無欺，誠實信用，善良老百姓很平實地生活。

柑仔瀨產業以礦業為主，當礦業興盛時極具拉力條件，吸引眾多外來人士就業，反之礦業蕭條，失業之人只好遠走他鄉，柑仔瀨由荒郊野村發展到繁華市集，現在又回到靜謐的鄉村，柑仔賴的大起大落，感慨人世間的無常，俯仰之間，念天地之悠悠，獨愴然而涕下。

第五章
民間文學篇

　　民間文學又稱口傳文學或口語文學，指的是民眾口耳相傳的神話、傳說、民間故事、歌謠、諺語一類[1]，易懂通俗，自然樸實無華，大多出自庶民之手，流傳中有變異，變異中有流傳，訴諸於流暢活潑的口頭語言，如拆字訣，訣者，即是方便記憶朗朗上口。民間文學則多集體的創作，但本章節有許多的歌謠卻源自蘇適丁，也有前人的創作，方言性很強，所以民間文學和方言是無法分割，本章節之歌謠諺語全以閩南語讀音，故以教育部臺灣閩南語常用辭典發音標示。在臺灣民間文學中得知當代生活面貌，情感自然流露，最動人心弦。

第一節　歌謠

　　「歌謠」的定義，是添加音樂性的民間文學，不具商業性質。《詩經》中的十五《國風》就是民間歌謠。[2]民間文學來自於民間，以當地風俗習慣、民俗活動、歷史地理等做為創作背景，是非常自然的。[3]本文對於所引的歌謠與諺語，參考原用字及原著的意思，以臺語知識利用教育部版臺羅發音，並改成適當的漢字，以求與歌謠意義用字一致。本文歌謠的背景，大部分以日治時期為主，皆為本地人原地所創。

1　胡萬川：《民間文學的理論與實際》（新竹市：清華大學，2005年），頁1。
2　許俊雅、洪惟仁：撰述《續修臺北縣志·卷九·藝文志·第三篇·文學》，頁160。
3　同註2，頁163。

文學是文化的一環，文化的發展會表現在文學上，不論是作家文學或民間文學，而其中最能夠反應文化發展的是歌謠。但文化的發展和經濟發展有直接關係，經濟沒有發展，文化是不會發展的。[4]當時的柑仔瀨有許多歌謠傳唱，可見經濟發展是不錯的。

歌謠創作以蘇適丁編地方歌謠最富盛名，其歌謠內容皆為生活寫實，蘇適丁在懷山煤礦就任記事一職，紀錄煤車煤產量，善以地方大小事為題編歌，以其所編之歌即可知當地發生之事。蘇億丁原住四腳亭而後搬至瑞芳，即興亞餐廳後面。

一　柑仔瀨的火車翻覆事件

民國四十四年（1955）一月一日，柑仔瀨段鐵道山崩，造成火車翻覆，交通中斷；又鐵道搶修人員在施用起重機吊起傾覆的火車機身時，鐵鍊突然斷裂，火車機身再度向右側傾倒，三名工作人員被機身所傷。[5]此事件發生在柑仔瀨天龍隧道口，一列滿載煤炭的火車翻覆事件，經由蘇適丁編歌，許勇雄吟唱，裊裊道出事件源由。

柑仔瀨的火車翻覆歌（原文／語譯）

> 日本新曆過年晚
> （陽曆過年的晚上）
> 宜蘭火車要落南
> （要南下）

4　同前前註，頁190。

5　陳慈玉、張騰彥撰述：《續修臺北縣志・卷二・土地志・第五篇・礦物・第六篇・災害》，頁59。高志彬撰述：《續修臺北縣志卷一大事記》，頁69。連日豪雨，瑞芳鎮柑坪里（柑仔瀨）鐵道右側山崩，載貨火車脫軌傾覆。

來到瑞芳日就暗

（天色已黑）

運轉不見線路崩

（駕駛沒看到山崩土石滑落在鐵軌上）

車母駛去撞著土

（火車頭就撞上土石）

歸排火車全翹堵

（整列火車全翻覆，甚至掉入基隆河旁山坡）

瑞芳站長知影就傳令

傳落臺北調牛拎

（牛拎即吊車之意）

牛拎知影不敢慢

（有關牛拎廠商知道後不敢怠慢）

發落透暝要來牽

（安排整晚要把牛拎調出來處理事情）

天光甲看事壞辦

（天亮後一看火車事故太嚴重很難處理）

車路親像大拵田

（整個火車軌道馬路就像是大泥灣，大沼澤地）

牛拎掛重翻膏西

（吊車吊起車廂實在太重，連吊車都翻覆，牛拎吊物太重自翻，膏 kô）

運轉臺上站三個（駕駛臺上有三個人）

火鼎弄破漏切切

（以前火車是燃煤，燃煤的鍋爐破了，煤油外漏嚴重，煤炭四散）

燒著三個尚冤枉

（燒著火車上三個工作人員）

燒甲身軀全發癀

（嚴重燒傷發炎腫漲，癀hông）

落要發落來甲創（創，tshong）

（後來要安排將他們送醫治療）

趕緊先去找大方

（大方醫院是當時瑞芳區規模最大的醫院）

三人二命去睏土

（三人中有二人死亡）

詮釋全文

　　日本人習慣以西洋曆一月一日為過年，就是元旦。就在過年那個晚上，有一列宜蘭來的火車要南下，來到瑞芳天色已晚，在隧道口不遠處遭遇山崩，駕駛沒有看見鐵軌上有落石，火車出隧道後，火車頭就直接撞到土石，一排的火車車廂全部翻覆，甚至掉到基隆河旁的山坡地。瑞芳火車站的站長知道後，馬上聯絡相關單位，找臺北的吊車廠商幫忙處理。吊車廠商知道後，也不敢怠慢，立刻連夜趕來，天色漸亮，才看清楚現場的情況，真的很嚴重，很難處理，整個車路（鐵路）就像是大泥灣地，因為太重，就連吊車用來吊火車的車廂，也翻覆了。在火車駕駛臺上有三個人，早期的火車是燃煤的，結果燃煤的鍋鑪破了，煤油也外洩，一直滴一直滴，煤炭四散，這三個駕駛人員，全身燒傷非常嚴重，發炎腫漲。救難人員馬上幫他們送醫治療，送到當時規模最大的醫院，叫大方醫院。可是很遺憾，這三個人中，有兩個人來不及救治，便去世了。

　　從這個歌謠可知當時的火車動力是燃煤，瑞芳最大的醫院就是大方醫院。滿載煤礦的火車翻覆後，煤礦灑落基隆河畔的山坡，鄰近居民聞風而來撿拾煤炭家用或出售，成為居民的意外之財。

圖5-1　今已不再使用的天龍隧道（瑞芳隧道）

圖5-2　倪蔣懷寫生「瑞芳隧道」

由北向南火車出隧道口即出軌翻覆，摔落至基隆河畔，由倪蔣懷所畫的瑞芳隧道可知隧道與基隆河的距離近，今道路已拓寬。資料來源：白雪蘭：《礦城‧麗島‧倪蔣懷》，頁70。

二　內瑞芳與外瑞芳的街景（原文／語譯）

（一）外瑞芳街景（許勇雄吟唱）

富通仔開店塊賣布

許通專門行江湖（看日看風水職業）

林隻開店賣大壽（賣棺材）

乞丐仔專門壓麻油（壓榨麻油，賣麻油）

（二）內瑞芳街景（許勇雄吟唱）

頭間好額吳阿亨（好額 hó-giàh）

尾間好額徐準成（好額是富豪、有錢之意）

包豆乾是阿美格（阿美小姐）

柑仔店是吳阿亨

阿坤仔地做車馬頭（工頭，指派工人工作）

阿坤仔的子呂文龍

修改一個是陳勇

　　（礦坑中的修改工，主要內容為負責坑道修復、保養、拓寬等工程，例如礦坑橫木毀朽要換替，改修礦坑上頭橫木可擋土石崩落，所以木頭壞掉就要替換或補修等。）

二坑頭家是倪侯太（倪侯太是倪蔣懷之子）

押車是李添財（押車是跟車）

詮釋全文

富通仔開布店賣布，許通是專門幫人家看日子看風水的風水師，林隻開店賣的是棺材，乞丐仔他是專門壓榨麻油，賣麻油的，一條街最前面的那一間最有錢的是吳阿亨，街尾最有錢的是徐準成，阿美小姐是賣豆干的，開雜貨店的是吳阿亨，阿坤仔的職業是工頭，指派工人做工，阿坤仔的兒子叫做呂文龍，陳勇是修改師傅，瑞芳二坑的老闆是倪侯太，李添財的工作是跟車。

由以上可知各行各業，在當時柑仔瀨的經濟算是繁榮的。

圖5-3　洪瑞麟筆下的工頭阿坤伯
阿坤伯姓呂，力氣大，時常打赤腳，有時好幾天不洗腳。
資料來源：江衍疇：《礦工・太陽・洪瑞麟》，頁86。

在資訊不發達的時代，各行各業在歌謠中傳唱，便有廣告的功能，例如要買布就要找富通仔的店。

歌謠中的徐準成他非常富有，是因為擁有大批的土地，他的大兒子徐錦順是基隆中正公園主普壇的設計人。

　　徐準成有很多個兒子，其中有一個他曾是日治時期師範學校畢
業，然後愛上一位客婆仔（客家女生），但是媽媽反對，這個兒子後
來就精神分裂，等到他精神狀態好一點的時候，曾經到瑞芳國中任
教，當時在戒嚴時期，這個兒子授課的內容是提倡日本精神，這剛好
跟國民政府的立場是相互違背的，後來這個老師就被解聘了。現在他
們家這個紅磚厝，因為產權的問題，這一座紅磚厝就荒廢了，因為也
沒辦法賣，要好幾十人蓋章，太麻煩，所以他們的家族就幾乎放棄
了，就不管這一塊地了。[6]

　　在閩客水火不容的年代，年輕人的感情由父母主婚，這對戀人，
注定是無言的結局。為愛痴狂，自由夢、戀愛夢、青春夢，全部破
碎，只見斑駁的老屋，屋角盤踞著野草，斷壁頹垣，人去樓已空，那
位徐家兒郎盼不到緣分落地生根，那段刻骨銘心的愛情，終被無情歲
月淹沒。

圖5-4　徐準成的家園

為兩層樓高，前半部是磚造，後半部為石頭屋，是當年當地的豪宅，人去茶
涼，空留惆悵。

6　韋家添訪稿。

圖5-5　斑駁老屋

曾有過輝煌的歲月，如今只剩下孤寂

圖5-6　破舊的老屋

破舊的老屋隱含一份無言的過去。

圖5-7　徐準成的家園

長長的房舍，草木已深，石頭屋已傾圯，廢墟中迴盪的是再等。[7]

這些歌謠乃是當年百業寫照，由此可知各行各業俱興，象徵經濟的繁榮。柑仔瀨的精華區，小小街道就有柑仔店三家，理髮店三家，豆腐店，小吃店至少有五家（萬伯、阿玉、寶蓮、阿妮、美）、中藥店、豬肉攤、鞋店、製冰店、洗衣店等，另有醬菜類，麵線羹，麵茶等叫賣，在靜默的街道中多了一分喧嘩。

圖5-8　克美洗衣店與帥氣老闆──廖銘儀

資料來源：廖銘儀提供。

---

7 〔晉〕陶淵明〈和劉柴桑〉：「荒塗無歸人，時時見廢墟。」癡情人再等緣份到來，再等佳人歸來。

三　文字遊戲：思郎君之歌

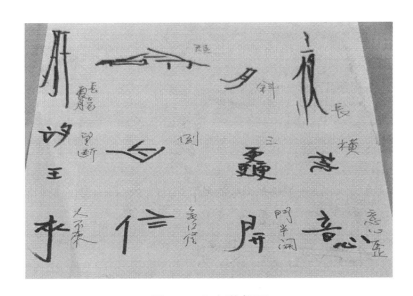

圖5-9　文字遊戲圖

資料來源：賴盛雄書寫，許勇雄吟唱。

思郎君之歌（原文／語譯）

長夜橫枕意心歪（想東想西）

斜月三更門半開

短命倒金沒口信

（短命是丈夫或情郎的暱稱，沒口信即是沒消息，倒金是指到現在的意思）

肝腸夢斷人無來（人 bô 沒來）[8]

詮釋全文

　　長夜漫漫，躺在床上東想西想，夜晚三更門半開掩，就是要等這郎君回來，那個短命的一點都沒有消息，等到肝腸夢斷，人還是沒有回來。

　　歌謠沒有不能流露的心聲，歌謠沒有不能表達的心情，只要用最直接的語言，用不假造作的技巧，就能將政治社會人生百態與宇宙大自然，描摹得酣暢淋漓。[9]

　　平常百姓真摯的情感流露，婦女想念情郎或夫婿，夜夜思君不見君，有著花自飄零水自流的感嘆，正是天涯海角有窮時，只有相思無盡處。

四　有趣的拆字訣

　　賴盛雄再度寫出難得一見的拆字訣，許勇雄吟唱，經由其逗趣解釋，令人莞爾一笑。

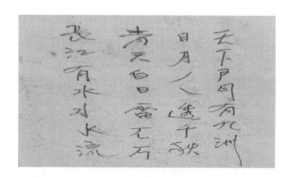

圖5-10　拆字訣

資料來源：賴盛雄書寫。

9　曾永義：《俗文學概論》（臺北市：三民書局，2003年），頁660-661。

圖5-11　善吟唱的許勇雄（1944〔昭和十九年〕- 　）

以下這四句臺語詩，每行詩都有二字狀聲詞。

第一句詮釋　天下ㅌ ㅓ 有九洲

　　門拆開變成兩個門板，這兩個門板開開合合發出「倚歪」的聲音，ㅌ ㅓ 就是「倚歪」開門關門的聲音，門一開即見天下，這天下分為九洲。

第二句詮釋　日月ノ乀透千秋

　　人字拆開即是ノ乀，ノ來乀去，撇來撇去，屈原《離騷》：

　　　日月忽其不淹兮，春與秋其代序。[10]

_____

10 地球編輯部：《古詩欣賞：屈原》（臺北市：地球出版社，2003年），頁3。

時光迅速逝去不能久留，四季更相代謝變化有常。日月ノ丶（撇 piē
訣 kuat）透千秋，即是歲月悠悠，像筆一撇一撇，撇來撇去，逍遙自
在，春去秋來，在日月的轉換下，不知不覺人很容易就老了。

第三句詮釋 青天白日雷輕（khing）空（khòng ㄎㄨㄥˋ）

　　一般民房有石頭屋，是用所砌的石頭建築而成，所以有打石業，
將石頭砌成適當的建材，當石頭被拆開，打石聲-輕（khing）空
（khòng）

　　唐　韓愈　《同水部張員外曲江春遊寄白二十二舍人》詩：

　　　　漠漠輕陰晚自開，青天白日映樓臺。[11]

亇輕（khing）丂空（khòng）是石頭被拆開時所發出的打石聲，石頭
滾下出現輕（khing）空（khòng）輕（khing）空（khòng）的聲音，青
天白日，藍藍的天，明亮的太陽，在靜謐中，與打石時石被破開的聲
音相應，頗有石破天驚的氣勢。青天白日大地一聲雷，如雷般響的石
頭被敲開的聲音輕（khing）空（khòng）輕（khing）空（khòng），
「輕（khing）空（khòng）輕（khing）空（khòng）」的聲音與鳥鳴山
更幽，突來的聲響，同以打破寧靜，更彰顯寧靜，真是絕妙好辭。

---

11 張淑瓊主編：《唐詩新賞：韓愈》（臺北市：地球出版社，1989年），頁49。

圖5-12　石頭屋

石頭屋所用的石塊建材，乃由打石工人將石塊敲擊而成。

第四句詮釋　長江有水才卜流

　　水字拆開才（劈 phik）卜撇（piē）水流聲，青山常在，水由山來，山水有清音，常常有水帶著劈（phik）撇（piē）的聲音，隨意逕流。

　　這四行詩臺語有念法，卻不見字典有收入。查國語字典為水、門、人、石都是象形字，無法再拆解，是臺灣特有的拆字狀聲詞，康熙字典也沒有收入這些字、教育部臺灣閩南語常用辭典發音也無這些字音。這四句臺語詩，老嫗能解，也能輕易朗朗上口，讀來甚有趣味。每個地方文化不盡相同，卻各有其迷人之處，蘇適丁書寫詩歌兼具音韻與動態之美，如此拆字訣，堪稱一絕。

五　瑞芳天未青（原文／語譯）

　　天頂落雨粒粒滴

　　滴落土腳冷吱吱

　　白雲住在烏雲頂

　　欲等何時天會青[12]（閩南語唸清）。

詮釋全文

　　天上的雨一滴一滴落下，滴到地面實在很冷，白雲都住到烏雲裡面了，那要等到何時烏雲才會散去，白雲出來，天空才會清澈。

　　冬天柑仔瀨迎東北季風多雨，草屋上會長新芽，寒流來襲，冷到茅草結冰，這是柑仔瀨冬天即景。

六　十字詩

財

壽

進

吾報通金有路來

古

校

開

說明：十字詩源自蘇適丁（1896-），許勇雄吟唱，十字詩展開如下：

12　張幼緞訪談稿。

財壽進金古校開，

開校古金有路來，

來路有金通報吾，

吾報通金進壽財。

唐代吳兢《樂府古題要解》的釋義是：「迴文詩，回復讀之，皆歌而成文也。」有著詩反覆詠頌的藝術特色，以閩南語音讀之，順暢、輕快，如行雲流水。一首詩從末尾一字讀至開頭一字，能夠成為另一首新詩，這樣的文字功力已是十分出色，令人不得不驚嘆蘇適丁的文采。

七　打油詩

冬至算來是冬天

家家戶戶搓湯圓

碗一縺（thong7），箸一米（筷子一把，米 bî）

欲食圓仔家己添

保佑大家倌吃百二

（搭給，兩字都是唸第一聲，是婆婆，大官 ta-kuann 是公公）

保佑翁婿大趁錢（保佑夫婿大賺錢）

保佑小姑就緊死[13]

（姑嫂不和，小姑時常欺負嫂嫂，所以希望令人討厭的小姑快死）

打油詩的內容和詞語通俗詼諧、不拘平仄韻律，創作較易，便於廣大群眾口耳相傳，在社會中容易流傳散播。

13　賴盛雄吟唱。

八　謎詩

　　把謎語與詩歌結合起來便是謎詩。有「謎的趣味」和「詩的藝術」雙重體驗，最佳的腦力激盪。

　　　竹土木月在四方
　　　中央無字留一空
　　　誰能猜得中央字
　　　可比早朝朱文公[14]
　　　（附註，必須上下左右皆能成字）

謎底

竹

木　　月

土

　　說明：中間空的字是其，上下左右成字：箕　基　棋　期

九　大蟬（原文／語譯）

　　　大蟬吼佮玲嘐叫，
　　　囡仔欲捔掠袂著；
　　　摔落樹跤反坦笑，
　　　予狗蟻扛去候湳流。[15]

---

14 賴盛雄吟唱。
15 許勇雄吟唱。

大蟬在叫的聲音很響亮，小孩很想要它卻抓不到，大蟬摔落樹下四腳朝天，卻被螞蟻抬著走吃掉了。

十　筍龜（原文／語譯）

> 身穿一領紅鐵裙，
> 喙咬薰吹毋食薰；
> 世間皇帝也毋忍，
> 上驚囡仔出來巡。[16]

身上穿著一件紅鐵裙，嘴叼著煙斗但卻不抽菸，世界上連皇帝都不甩，就怕小孩出來巡視，因為若被小孩子發現，會被抓走，這就是筍龜。

　　大蟬與筍龜都是童謠，在沒有電玩與手機的時代，大自然的動物就是孩童的玩伴。閩南語有八個聲調，是先人生活智慧的結晶，無論是說的唱的都動聽，是很美妙的語言；閩南語之美是必須用心去聆聽，用情感去體會，才能悟出其中的美妙，閩南語經悠久歷史的精鍊，言語優美，文辭古雅且字彙豐富，尤其口語詩、童謠、唸歌所呈現的語言之美，更令人愛不忍釋。

第二節　諺語

　　諺語就是當地的慣用語，來自群眾的口頭創作，具有地區特色的語言，甚至只有當地人才聽得懂，非常口語化。

---

16 許勇雄吟唱。

一　內瑞芳有三祕

當時流傳內瑞芳有三個神祕的人物，這三人是鱸鰻伯賴呈發，鐵路寅郭甲寅，茂伯許添丁（1906-1971），內瑞芳三祕特色：

鱸鰻伯賴呈發：為人海派，開賭場，會詐賭，偷換牌，有流氓氣質，但非欺壓善良，有俠義風格，好打抱不平，瑞芳瑞義社創辦人之一，處理地方大小事，反而有幾分的豪氣，地方上凡有關黑道、打架、都由鱸鰻伯處理。

鐵路寅郭甲寅：不玩底錢，在鐵路局服務，曾任里長。

茂伯許添丁名言：「開查某袂使了憨錢，跋筊跋筊愛跋巧筊」，意為：要玩女人，不能花冤枉錢，以免被當凱子；在農業社會休閒娛樂少，賭博成為一種充滿刺激的娛樂，賭博就要聰明賭，贏了就別戀戰，輸了就別想要翻身，走為上策，不能越陷越深，贏了變輸，輸了更慘，這是茂伯許添丁的賭博心得。

這三祕年齡相彷風格特異，地方人士若論聚賭就不會想找他們，他們不按理出牌，特立獨行，也算是傳奇人物。

二　中和炭礦洪天水，佗位有礦佗位開。

洪天水為基隆區瑞芳鎮猴硐人，生於明治三十三年（1900），只要他知道哪裡有礦產，他就到那裏去開礦，不過規模都不大，礦工人數大約數十人而已。洪天水與同業吳森養交情頗佳，吳森養在籌款建瑞芳瑞義社社館時，洪天水慷慨解囊金援瑞芳瑞義社，另煤山煤礦業公司亦有捐助瑞芳瑞義社，於是在瑞芳瑞義社的社館牆壁才留有洪天水、煤山礦業公司的字樣。

圖5-13　洪天水敬獻　　　　　　圖5-14　煤山礦業公司敬獻

洪天水、煤山礦業公司兩者捐款於瑞
芳瑞義社重修社館，其與吳森養社長
乃為同業，同行不相忌，關係良好。

三　單藥不成藥[17]

　　單藥不成藥意指只有一種藥材是不成藥，一定要加其他的，例如
哈亨草，俗名為抱壁蟑螂，在民俗療法中用以治療頸部酸痛，可通血
路，煎煮過程要加酒才有效。釘秤仔，醫療效果也是治療頸部酸痛，
同樣要加酒，才有藥效；在荒野中若無水，只要將它的根部剁碎，含
在嘴裡即能生津止渴。

17　許勇雄訪談稿。

圖5-15　哈亨草

哈亨草俗名為抱壁蟑螂，在柑仔瀨山區有很多，
中藥店一斤約一千五百元，醫療藥材，因此近年已被採將盡。

四　水金京，我是恁大兄，蝦柳果，我是恁大嫂[18]

　　水金京是單帶蛺蝶幼蟲的食草，分布全島低海拔闊葉林中。每年六-七月間，在山路旁及山坡上常可看到滿樹白花的小喬木。圓錐狀的聚繖花序繁盛茂密，吸引成群的蝴蝶前來探訪，是十分理想的蜜源植物及景觀樹種。在純樸的農業社會，以我是你兄嫂消遣人家，是純屬開玩笑，無惡意占人便宜的俏皮話。

　　柳蝦果，常用來釣螃蟹、蝦子，將蚯蚓串在葉子上，放在水裡當釣餌及釣繩，用以捕捉螃蟹、蝦子，在物資缺乏的年代，這是孩子們零食的來源，捕捉的蝦蟹即在河邊生火烤來吃，新鮮美味。

18　許勇雄訪談稿。

圖5-16　水金晶

圖5-17　柳蝦果的葉

五　一支好材是九芎，一蕊好花是芙蓉[19]

　　九芎的樹皮光滑，樹皮每年都會剝落，樹幹極為光滑，連猴子都不易攀爬，因此有「猴滑樹」或「猴不爬」的稱號。九芎是好木材，只要有九芎的地方，就能活命，因九芎樹枝搗碎，點火就能生火炊食，餓不死人。芙蓉花，外型優雅美麗，民間視為吉祥植物。芙蓉花，又稱木芙蓉、拒霜花、木蓮等。芙蓉花盛開於農曆九至十一月，此時百花凋謝，它卻傲霜綻放，故白居易詩曰：「莫怕秋無伴愁物，水蓮花盡木蓮開」。蘇東坡更贊芙蓉花性格是「千株掃作一番黃，只有芙蓉獨自芳。喚作拒霜猶未稱，看來卻是最宜霜」。在百花蕭瑟時，唯有芙蓉一枝獨秀。

圖5-18　九芎樹

九芎樹的樹皮有些紅色。

---

19 許勇雄訪談稿。

六　天治人，不是人治天[20]

在你沒東西吃的時候，老天就幫助人長一些東西給人吃，例如：饑荒草即昭和草，嫩葉炒，似茼蒿味，山餚野蔌十分美味；又瑞柑國小後山一片連到九份的山丘，滿山長滿山茶，有商人來收購，一斤兩元，現在都沒了，因為現在豐衣足食，山茶失去救援功能，所以老天認為不需要存在，現在已消失[21]，正是天生萬物以養人，天無絕人之路。

七　生會贏，燒酒香；生袂（bē）贏，四塊板（pán）

以前醫療資源不多，小孩子也比較難養，所以一般會在孩子出生三個月後才決定是否報出生，如果孩子還健康活著，才會去報戶口，因此會出現晚報出生的情況。生會贏，是說小嬰兒活過三個月了，家長就會煮麻油雞、油飯慶祝，所以是燒酒香，如果生袂贏，就是說小孩子已經養不活，那就以四塊板子當棺材板，幫小孩處理後事。

八　雷公爍（sih）拿（ná）[22]

山海經有云：雷澤中有雷神，龍身而人頭，鼓其腹，在吳西。[23]雷澤中有一位雷神，他長著龍的身子和人的頭，敲打自己的肚子就會發出響雷，天空一直閃電，而沒下雨，投壺電笑，閃電（siám-tiān）

---

20 許勇雄訪談稿。
21 許勇雄訪談稿。
22 賴金針訪談稿。
23 孫見坤注：《山海經》（臺北市：華滋出版社，2016年），頁316。

不雨，今日不雨而有電光，是天笑，[24]拿 ná 為語助詞，無意義。

　　歌謠和諺語是先民智慧的結晶，一般是簡短精練，便於流傳，敘事歌謠有時會長一點，在諺語與歌謠中呈現先民樂天安命的風格且融入自然的生活文化，雅俗共賞，舉凡是當地的風土民情：在山野、家庭、市街上……，公眾所唱的語句，言簡意賅，聲韻順暢，多是口頭創作，很多歌謠諺語是特定社會環境的產物，反應當時人們的思想感情，親切又質樸，有時戲而不虐，不僅有文學性，還有很高的歷史價值。據多位耆老言，昔時長輩雖沒讀過什麼書，但很會說四句聯，可惜不復記憶，每個地區有特殊的用語，有特殊的涵意，形成特殊的區域文化。

　　一地的自然環境，影響著當地特有的文化，與食衣住行都有關係，以船過河通常是划槳，但柑仔瀨在渡船頭是以手拉繩使船渡過河，在船仔頭是以竿稱蒿逆水行舟，實在與眾不同。自然界中的礦產使柑仔瀨飛鴻騰達，經濟好之後，教育文化事業便開始發展，經濟衰微後，人們只好離鄉背井遠走高飛。一地的戰略交通位置若居要塞地位，則易為兵家必爭之地，避免不了戰爭，柑仔瀨經歷瑞芳之役，血濺柑仔瀨，碧血黃花烙印在青史中。柑仔瀨的惡霸肖瑞魚肉鄉民，最後被報復──滅門，「天道好輪迴，蒼天饒過誰」，真是大快人心，令人直呼老天有眼。當閩粵水火不容時，陣頭拼得很厲害，械鬥一觸即發，地方頭人以智慧解決糾紛，過程和平理性，這就是和善的柑仔瀨。

---

24 王國良：《神異經研究》（臺北市：文史哲出版社，2016年），頁47。

文化生活叢書 1300BA1

柑仔瀨志（上）

作　　者　賴桂貞
責任編輯　林涵瑋

發 行 人　林慶彰
總 經 理　梁錦興
總 編 輯　張晏瑞
編 輯 所　萬卷樓圖書股份有限公司
　　　　　臺北市羅斯福路二段 41 號 6 樓之 3
　　　　　電話 (02)23216565
　　　　　傳真 (02)23218698

發　　行　萬卷樓圖書股份有限公司
　　　　　臺北市羅斯福路二段 41 號 6 樓之 3
　　　　　電話 (02)23216565
　　　　　傳真 (02)23218698
　　　　　電郵 SERVICE@WANJUAN.COM.TW
香港經銷　香港聯合書刊物流有限公司
　　　　　電話 (852)21502100
　　　　　傳真 (852)23560735

ISBN 978-986-478-963-4
2023 年 9 月初版一刷
定價：新臺幣 320 元

指導單位：新北市政府文化局
112 年新北市政府文化局補助本市地方
文史工作出版計畫

如何購買本書：
1. 劃撥購書，請透過以下郵政劃撥帳號：
　　帳號：15624015
　　戶名：萬卷樓圖書股份有限公司
2. 轉帳購書，請透過以下帳戶
　　合作金庫銀行 古亭分行
　　戶名：萬卷樓圖書股份有限公司
　　帳號：0877717092596
3. 網路購書，請透過萬卷樓網站
　　網址 WWW.WANJUAN.COM.TW
大量購書，請直接聯繫我們，將有專人為您
服務。客服：(02)23216565 分機 610

如有缺頁、破損或裝訂錯誤，請寄回更換
版權所有‧翻印必究
Copyright©2023 by WanJuanLou Books CO., Ltd.
All Rights Reserved　　　　Printed in Taiwan

國家圖書館出版品預行編目資料

柑仔瀨志 / 賴桂貞撰. -- 初版. -- 臺北市：萬
卷樓圖書股份有限公司, 2023.09-
　　冊；　公分. -- (文化生活叢書；1300BA1)
ISBN 978-986-478-963-4(上冊：平裝)
1.CST: 歷史　2.CST: 人文地理　3.CST: 新北市瑞
芳區
733.9/103.9/147.2　　　　　112015338